Tobias Pehle

Vogelhäuschen
Nistkästen und Futterstellen selber bauen

Weltbild

Impressum

© Verlagsgruppe Weltbild GmbH, Steinerne Furt, 86167 Augsburg

Projektleitung und Redaktion: Medien Kommunikation, Unna
Team: Tobias Pehle, Yara Hackstein, Emanuel Ogrodniczek, Raphael Pehle
Fotos: Medien Kommunikation, Unna, bis auf: S. 4-6, 8-9, 10 o., 13 r.: dreamstime.com, S. 25 u.: Jens Dollenbacher
CAD: Tobias Ringel
Umschlaggestaltung und -motive: Medien Kommunikation, Unna
Gesamtherstellung: Neografia, a.s. printing house, Martin
Printed in the EU
ISBN 978-3-8289-2688-2
Alle Rechte vorbehalten.

Einkaufen im Internet:
www.weltbild.de

Danksagung

Für die Unterstützung bei der Realisation bedanken wir uns bei:

Bosch Power Tools, *www.bosch-pt.de*
Schöner Wohnen-Farbe, *www.schoener-wohnen-farbe.de*
Johannes Steinkühler

Inhalt

Grundlagen

Grundkurs

Bauanleitungen

Aktiver Naturschutz

110 gefährdete Arten

In Deutschland gilt fast die Hälfte aller Vogelarten als gefährdet, darunter auch Spechte, Kiebitze und Kehlchen.

Vielen Vogelarten fällt es zunehmend schwer, geeignete Nistplätze und ausreichend Nahrung zu finden. Vogelhäuschen und Futterstellen leisten hier einen aktiven Beitrag zum Naturschutz.

Vögel gehören zu den attraktivsten frei lebenden Besuchern im heimischen Garten oder auf dem häuslichen Balkon. Sie in ihren bunten Federkleidern zu beobachten, ihrem fröhlichen Gezwitscher zu lauschen und ihre beeindruckenden Flugkünste zu bewundern, zählt sicherlich zu den interessantesten und spannendsten Formen der Naturbeobachtung, die zu Hause möglich sind.

Doch auch, wenn man angesichts vieler Vögel am Himmel oder intensiver morgendlicher Zwitscherkonzerte den Eindruck gewinnen kann, dass es den gefiederten Freunden an nichts mangelt, so haben viele Vogelarten – vor allem im städtischen Umfeld – Schwierigkeiten, zu überleben. Die Gründe dafür sind vielseitig: In betonierten Straßenzeilen finden die Tiere kaum ausreichend Nahrung, ganz zu schweigen von stillen, sicheren Plätzen zur Aufzucht des Nachwuchses.

Wer einen Nistkasten oder eine Futterstelle baut und in seinem grünen Zimmer aufhängt oder aufstellt, bereichert so nicht nur seinen Garten um ein schönes Detail. Er trägt maßgeblich dazu bei, den Lebensraum von vielen Vogelarten zu erhalten. Dieser aktive Beitrag zum Naturschutz macht Spaß, kostet wenig und ist ohne großen Aufwand zu bewerkstelligen. Und zuletzt verbessert er die Chancen, die Tiere in Ruhe beobachten zu können.

Der Lebensraum der Vögel

Vögel finden sich in fast allen Lebensräumen der Erde. Die einzelnen Arten haben sich im Laufe der Zeit an die jeweiligen Lebensbedingungen in ihrer Umgebung angepasst. Das gilt auch für die heimischen Vogelarten. Allerdings hat sich ihr Umfeld in den letzten Jahrzehnten radikal gewandelt. Aber sie brauchen ursprüngliche Voraussetzungen zum Überleben:

Ruhige Nistplätze

Für das Legen der Eier und die Aufzucht der Küken suchen sich Vögel ruhig gelegene Plätze, an denen sie möglichst wenig gestört werden – sowohl von Menschen als auch von anderen Tieren. Vor allem in den lärmbelasteten Städten fällt es ihnen deshalb schwer, geeignete Nistmöglichkeiten zu finden.

Ausreichend Nahrung

Vögel ernähren sich sowohl von Körnern und Obst als auch von Insekten. In städtischen Umfeldern mangelt es jedoch an beidem: Nur wenn ausreichend öffentliche oder private Grünflächen zur Verfügung stehen, finden die Vögel all die Nährstoffe, die sie zum Überleben benötigen.

Sicherheit

Vögel haben, wie alle anderen Tiere auch, natürliche Feinde. Dazu gehören wild lebende Tiere wie Raubvögel genauso wie Haustiere – man denke nur an Katzen. Sie siedeln sich deshalb nur dort an, wo sie sich in Sicherheit fühlen können. Naturgemäß bauen sie ihre Nester deshalb bevorzugt in großer Höhe, wie in hohen Bäumen, dort also, wo nur wenige Vierbeiner sie erreichen. Das Sicherheitsbedürfnis der Tiere sollte auch im heimischen Garten berücksichtiget werden.

Sommerfutter

Auf den ersten Blick erscheint es grotesk, Vögeln auch im Sommer Futter anzubieten, wenn die Natur in voller Pracht steht. In ländlichen Umgebungen ist dies sicherlich auch überflüssig. Aber mitten in der Stadt, wo die Vögel kaum Gelegenheit finden, Nahrung in Gärten, auf Wiesen und Feldern zu suchen, sieht das Blatt schon ganz anders aus. Ob eine sommerliche Vogeltafel am eigenen Wohnort sinnvoll ist, lässt sich ganz einfach herausfinden: Einfach den Tieren eine Zeitlang Körnermischungen anbieten. Wenn diese nach ein paar Tagen weggepickt sind, macht das Angebot Sinn. Ansonsten hebt man sich das Futter lieber für die kalte Jahreszeit auf.

Nistkästen & Halbhöhlen

Vögel sind durchaus wählerisch, was ihre Wohnungen betrifft: Je nach Art bevorzugen sie nicht nur unterschiedliche Größen, sondern auch eine ganz andere „Architektur".

Grundsätzlich unterscheidet man zwischen Nistkästen und Halbhöhlen. Der Nistkasten ist ein geschlossenes Gehäuse, in das die Tiere über ein Einflugloch gelangen. Eine Halbhöhle hingegen gleicht einem Balkon in einem Mehrfamilienhaus: Sie ist auf ganzer Breite halb offen und ermöglicht den Tieren so, ihr Umfeld genau im Blick zu behalten. Zu den Bewohnern zählen zum Beispiel das Rotkehlchen und der Zaunkönig.

Die meisten heimischen Vögel wie Meisen, Sperlinge oder Wiedehopfe bevorzugen jedoch einen Nistkasten. Dabei liegt es auf der Hand, dass größere Tiere andere Ansprüche an ein solches Zuhause stellen als kleinere. Das betrifft sowohl die Größe des Einfluglochs als auch die Raumgröße an sich. Außerdem gibt es noch Freibrüter wie den Fink, der gerne auf Astgabelungen sein Nest baut und deshalb keine Nisthilfe benötigt.

Vor dem Bau eines Nistkastens sollte man sich also darüber im Klaren sein, wen man als Untermieter im Garten oder auf dem Balkon gewinnen möchte. Die Übersicht auf der nächsten Doppelseite (Seite 8/9) bietet dazu eine Grundorientierung.

Wer sich nicht sicher ist, welche Vögel in seiner Umgebung Wohnraum suchen, kann sich an die örtlichen Naturschutzvereine wenden.

Vogelgerechte Modelle

Vogelkundler benennen die Maße von Nistkästen zum Teil millimetergenau wie zum Beispiel die der Größe des Einfluglochs. So sinnvoll es sein mag, Vogelhäuschen auf die ganz speziellen Bedürfnisse einer Art hin zu bauen – für den heimischen Garten empfehlen sich Universalnistkästen. Dabei kommt es auf folgende Faktoren an:

Richtige Proportionen

Für die Tiere ist besonders wichtig, dass das Einflugloch zur Wohnraumgröße passt: Kleine Vögel nisten nicht in Vogelhäuschen mit großen Einfluglöchern, weil sie sich dort nicht ausreichend sicher vor Nesträubern fühlen. Größere Vögel hingegen bewohnen weder Nistkästen mit zu kleinem Einflugloch noch mit zu geringem Raumangebot.

Für kleinere Arten wie etwa die Blaumeise sind Einfluglöcher von 25 bis 28 mm sinnvoll, für mittlere wie Sperling oder Schnäpper 30 bis 35 mm und für größere wie Star oder Wendehals 45 mm und mehr.

Die hier vorgestellten Modelle sind für kleinere und mittlere Vogelarten geeignet – wer größeren Vögeln Wohnraum

bieten möchte, sollte die Maße entsprechend anpassen.

Natürliches Material

Holz als Naturprodukt ist der ideale Werkstoff für Vogelhäuschen. Aus ökologischen Gründen empfiehlt es sich, zu heimischen Hölzern zu greifen und die Innenseiten beim Lasieren oder Lackieren auszulassen.

Verletzungsgefahr

Beim Bauen sollte unbedingt darauf geachtet werden, dass weder durch herausstehende Nagel- oder Schraubenspitzen noch durch scharfe Kanten Verletzungsgefahren für die Tiere entstehen. Leimen reicht in der Regel vollkommen aus.

Sitzstangen

Bei vielen Vogelhäuschen findet man unmittelbar vor dem Einflugloch kleine Stecken als Sitzstangen. Davon ist in der Regel aber abzuraten, bieten diese Stangen doch potenziellen Nesträubern eine gute Sitzgelegenheit. Die meisten Vögel benötigen keine Stangen, um in ihr Zuhause zu gelangen.

Nistkästen reinigen

Vogelhäuschen sind für wohnungssuchende gefiederte Freunde nur dann attraktiv, wenn sie sauber und frei von Parasiten sind. Deshalb gibt es bei jedem hier vorgestellten Bauvorschlag eine Möglichkeit, das Vogelhäuschen zum Reinigen öffnen zu können. Wenn die vorherigen Bewohner ausgeflogen sind, wird das alte Nistmaterial entfernt und das Häuschen ausgewischt. Vor dem erneuten Verschließen alles gut trocknen lassen. Als besonderen Reinigungsservice kann man die Innenseiten des Nistkastens mit einer Lötlampe ausflämmen. So stellt man sicher, dass sich keine Parasiten mehr im Inneren befinden. Das Ausflämmen trägt außerdem zum Erhalt des Häuschens bei, weil dabei auch ggf. Holzschädlinge vernichtet werden.

Vögel und ihre Bedürfnisse

Diese kleine Übersicht stellt in Deutschland verbreitete Gartenvögel und ihre Bedürfnisse vor. Je nach Region können weitere Arten hinzukommen.

Blaumeise

Nistbedarf:	mittlerer Kasten
Flugloch-Ø:	25 – 28 mm
Aufhänghöhe:	1,5 – 3,5 m
Lebensraum:	Mischwald, Gärten
Nistzeit:	April – Mai

Schnäpper

Nistbedarf:	mittlerer Kasten
Flugloch-Ø:	45 – 50 mm
Aufhänghöhe:	1,5 – 3,5 m
Lebensraum:	Mischwald, Gärten
Nistzeit:	April – Mai

Wendehals

Nistbedarf:	mittlerer Kasten
Flugloch-Ø:	30 – 35 mm
Aufhänghöhe:	3 – 5 m
Lebensraum:	Mischwald, Gärten
Nistzeit:	April – Mai

Kleiber

Nistbedarf:	mittlerer Kasten
Flugloch-Ø:	30 – 35 mm
Aufhänghöhe:	1,5 – 3,5 m
Lebensraum:	Mischwald, Gärten
Nistzeit:	April – Mai

Bachstelze

Nistbedarf:	kleiner Kasten
Flugloch-Ø:	45 – 50 mm
Aufhänghöhe:	1,5 – 3,5 m
Lebensraum:	am Wasser
Nistzeit:	April – Juni

Sperling

Nistbedarf:	mittlerer Kasten
Flugloch Ø:	30 – 35 mm
Aufhänghöhe:	1,5 – 3,5 m
Lebensraum:	Siedlungen
Nistzeit:	April – Mai

Rotschwanz

Nistbedarf:	kleiner Kasten
Flugloch-Ø:	45 – 50 mm
Aufhänghöhe:	1,5 – 3,5 m
Lebensraum:	Mischwald, Gärten
Nistzeit:	April – Mai

Zaunkönig

Nistbedarf:	Halbhöhle
Aufhänghöhe:	1 – 3 m
Lebensraum:	Mischwald, Gärten
Nistzeit:	April – Mai

Rotkehlchen

Nistbedarf:	Halbhöhle
Aufhänghöhe:	1 – 2 m
Lebensraum:	Gehölze, Gärten
Nistzeit:	März – Juni

Star

Nistbedarf:	großer Kasten
Flugloch-Ø:	45 – 50 mm
Aufhänghöhe:	3 – 10 m
Lebensraum:	Mischwald, Gärten
Nistzeit:	April – Mai

Wiedehopf

Nistbedarf:	mittlerer Kasten
Flugloch-Ø:	50 – 70 mm
Aufhänghöhe:	1,5 – 3,5 m
Lebensraum:	Mischwald, Gärten
Nistzeit:	April – Mai

Buntspecht

Nistbedarf:	mittlerer Kasten
Flugloch-Ø:	45 – 50 mm
Aufhänghöhe:	4 – 8 m
Lebensraum:	Mischwald, Gärten
Nistzeit:	April – Mai

Dohle

Nistbedarf:	großer Kasten
Flugloch-Ø:	70 – 80 mm
Aufhänghöhe:	1 – 10 m
Lebensraum:	Mischwald
Nistzeit:	April – Mai

Waldbaumläufer

Nistbedarf:	mittlerer Kasten
Flugloch-Ø:	45 – 50 mm
Aufhänghöhe:	1 – 4 m
Lebensraum:	Mischwald, Gärten
Nistzeit:	April – Mai

Nistkastenmaße

Die folgenden Maße gelten als Richtwerte. Die Kästen können ruhig etwas größer oder kleiner ausfallen:

Kleiner Kasten:
100 x 100 x 160 mm

Mittlerer Kasten:
120 x 120 x 180 mm

Großer Kasten:
140 x 140 x 240 mm

Futterstellen

Leckerbissen Obst

Viele heimische Vogelarten freuen sich besonders über frisches Obst wie beispielsweise einen geviertelten Apfel.

Eine Futterstelle ist gleich dreifach sinnvoll: Man sorgt für aktiven Naturschutz, die Vögel lassen sich gut beobachten, und man bereichert den Garten um ein schönes Accessoire.

Die meisten heimischen Vogelarten sind wahre Überlebenskünstler – zumindest was ihre Ernährung betrifft. Grundsätzlich freuen sie sich über alles, was ihnen schmeckt: von kleinen Insekten über Körner und Kerne bis hin zu Beeren und Obst. Je nach Jahreszeit aber ist das Nahrungsangebot für sie sehr unterschiedlich. Während im Spätsommer und Herbst die Natur den Tieren ein wahres Schlaraffenland bietet, finden sie an eiskalten, weißen Wintertagen nur sehr spärlich Nahrung.

Wer dann den gefiederten Freunden den Tisch decken möchte, sollte zunächst darauf achten, dass das Nahrungsangebot für die Tiere gut sichtbar ist. Futterstellen sollten gut einsehbar sein. Je leichter die Vögel sie entdecken können, desto größer ist die Chance, dass sie oft und gerne zu einem Picknick vorbeischauen.

Dennoch sollte auf Dächer über den Futterstellen nicht verzichtet werden. Denn wenn das Futter feucht wird, schimmelt oder fault es und wird für die Tiere ungenießbar.

Die Vögel nehmen nur dann ein Futterangebot an, wenn sie sich beim Picken sicher fühlen. Wichtig ist es deshalb, die Futterstelle in einem ruhigen Umfeld aufzustellen. Außerdem müssen die Tiere ihre Umgebung und damit mögliche Gefahren im Auge behalten können.

Das richtige Vogelfutter

Zu Beginn und während der kalten Jahreszeit führen zahlreiche Geschäfte Vogelfutter – von Discountern und Supermärkten bis hin zu Garten- und Baumärkten. Beim Kauf empfiehlt es sich, darauf zu achten, woher das Futter stammt. Aus ökologischen Gründen sollte man nur zu Futter aus heimatnaher Produktion greifen. Das Angebot unterteilt sich in:

Streufutter

Diese „klassischen" Vogelfuttermischungen beinhalten verschiedene Körner und Kerne, allen voran Haferflocken, Sonnenblumenkerne, Gerste, Hirse oder ungesalzene Erdnüsse. Solche Mischungen sind für die meisten Vogelarten attraktiv und locken dementsprechend viele unterschiedliche Vögel an.

Fettfutter

Während der kalten Jahreszeit brauchen auch Vögel ausreichend Fett, um ihren Energiebedarf zu decken. Deshalb ist es sinnvoll, ihnen dann spezielles Fettfutter anzubieten wie Meisenknödel und -ringe, fettiges Streufutter oder Fettflocken. Auch Nüsse und Sonnenblumenkerne enthalten viel Fett.

Futterkontrolle

Eine Futterstelle sollte regelmäßig kontrolliert werden. Dabei gilt es, vor allem darauf zu achten, ob Vögel gekotet haben. Wenn Kot mit Nahrung in Berührung kommt, übertragen sich schnell Parasiten und Krankheitserreger. In diesem Fall muss das Futter deshalb sofort ausgetauscht und die Futterstelle mit einem feuchten Tuch gründlich gereinigt werden. Dies gilt auch für den Fall, dass Futter schimmelig oder faulig geworden ist. Am besten sieht man zweimal wöchentlich nach der Futterstelle. Eine gründliche Reinigung empfiehlt sich mindestens einmal im Monat.

Spezielle Futterangebote

Der Markt an Vogelfutter bietet mittlerweile eine fast unüberschaubare Vielfalt an speziellen Nahrungsangeboten. Das Spektrum reicht von Erdnussbruch und ungesalzenen Nüssen über Mischungen mit ge- *trockneten Insekten oder Beeren bis hin zu marktschreierischen Angeboten wie „Vogelmüsli". Für die meisten heimischen Vogelarten reicht es jedoch völlig aus, normales Streu- und Fettfutter anzubieten.*

Vogelhäuschen für zu Hause

Platzwechsel

Wenn Nistkästen ungenutzt bleiben, empfiehlt es sich, sie an einer anderen Stelle aufzustellen, um sie zu beleben.

Grundsätzlich kann man in jedem Garten jedes Vogelhäuschen platzieren. Um die Tiere anzulocken und für eine stimmige Optik, gilt es allerdings, ein paar wichtige Punkte zu beachten.

Ein harmonisch wirkender Garten lebt von einer durchdachten Gestaltung – und in diese sollte sich auch ein Vogelhäuschen oder eine Futterstelle integrieren. So passen beispielsweise in einen naturnah angelegten Garten besonders gut Modelle, die mit Naturmaterial gebaut wurden, oder solche, die in Holzfarben lasiert sind. Im Familiengarten hingegen darf es fröhlich und bunt zugehen – hier passen dementsprechend Modelle in bunten, leuchtenden Farben besonders gut.

Bei Modellen, die an Wänden aufgehängt werden, sollte der Nistkasten oder Futterplatz zudem zur Architektur des Hauses bzw. zur Art der Wand passen. So machen sich an modernen, weißen Wänden Modelle gut, die in klaren Farben und Formen gestaltet sind. An Schuppenwänden aus Holz oder Klinker hingegen kommen lasierte Vogelhäuschen und Futterplätze besonders gut zur Geltung.

In jedem Fall gilt es, einen ruhigen Platz für das Vogelhäuschen oder die Futterstelle zu suchen. So groß die Verlockung auch sein mag, beispielsweise ein Vogelhäuschen in unmittelbarer Nähe zur belebten Terrasse aufzustellen – die Chancen, dass das Wohungsangebot von den Tieren auch wahrgenommen wird, sind dort eher gering.

Nistkästen & Futterstellen platzieren

Für das Aufstellen oder Aufhängen von Nistkästen und Futterstellen gelten einige wichtige Grundregeln.

Ast in einen Baum zu hängen. Den könnten beispielsweise Katzen gut nutzen, um sich über den Vogelnachwuchs herzumachen.

Schattige Wohnung

Der Nistkasten sollte sich nach Möglichkeit im Halbschatten befinden wie beispielsweise an oder unter Bäumen. In der prallen Sonne könnte er sich zu stark aufheizen.

Windabgewandt

Auch Vögel mögen es nicht gerne zugig oder nass. Das Einflugloch sollte man deshalb nach Möglichkeit windabgewandt platzieren. Wind und Regen kommen meistens aus nördlicher/westlicher Richtung. Deshalb sollte man Nistkästen und Halbhöhlen in südlicher/östlicher Richtung platzieren.

Sicherheitsbedürfnis

Vögel haben, wie alle anderen Tiere auch, natürliche Feinde. Dazu gehören wild lebende Tiere wie Raubvögel genauso wie Haustiere – man denke nur an Katzen. Vögel siedeln sich deshalb nur dort an, wo sie sich sicher fühlen.

Bei der Wahl des Standorts sollte man es potenziellen Nesträubern so schwer wie möglich machen, das Einflugloch zu erreichen. Daher ist es weng sinnvoll, das Vogelhäuschen direkt über einem stabilen

Durstige Freunde

Vor allem an heißen Sommertagen geht es Vögeln nicht anders als Menschen: Sie haben Durst und schätzen ein erfrischendes Bad. Dann locken Schalen mit Wasser die gefiederten Freunde magisch an. Eine gute Möglichkeit, sie aufzustellen, bieten jetzt ungenutzte Futterstellen: Da sie überdacht sind, finden Vögel hier ein schattiges Plätzchen zum Trinken und Baden. Das Wasser sollte frisch sein. Dazu muss man die Schalen nicht aus dem Wasserhahn füllen: Bei Regen die Gefäße einfach ins triefende Nass zu stellen, ist völlig ausreichend.

Grundkurs

Hölzer & Leisten

Das natürliche Material Holz ist dank seiner vielseitigen positiven Eigenschaften und der einfachen Bearbeitung für den Bau von Vogelhäuschen und Futterstellen bestens geeignet.

Umwelt-Tipp

Auch wenn zum Bau von Vogelhäuschen sicher keine Tropenhölzer zum Einsatz kommen – bei der Materialwahl sollte man bevorzugt zu heimischen Holzprodukten wie Fichte, Kiefer oder Pappel greifen. Sie haben meist eine positive Ökobilanz und sind somit nachhaltiger.

Allerdings empfehlen sich nicht alle Holzprodukte gleichermaßen. Da die Häuschen und Futterstellen Wind und Wetter ausgesetzt sind, kommt beispielsweise preiswerter Pressspan nicht infrage, da er bei Feuchtigkeit sehr schnell aufquillt. Schöne Vollhölzer reißen tiefe Löcher ins Portmonee und viele Harthölzer wie Bangkirai lassen sich nur schwer bearbeiten. Deshalb eignen sich nur einige wenige Holzprodukte:

Leimholz: Preiswert, praktisch, nachhaltig – so lassen sich die Eigenschaften dieser Holzprodukte aus Fichte oder Kiefer auf den Punkt bringen. Sie bestehen aus schmaleren Hölzern, die zu einer größeren Fläche miteinander verleimt wurden. Baumarkt und Fachhandel bieten sie in verschiedenen Größen an. Für den Einsatzzweck sind 2 cm starke Platten am besten geeignet.

Sperrholz: Die in Schichten verleimten Holzprodukte sind wesentlich dünner, aber auch teurer. Es gibt sie in verschiedenen Stärken. Für den Bau der Häuschen eignen sich besonders 1 cm starke Sperrholzplatten. Zier- und Dekoelemente sägt man am besten aus 5 mm starkem Material zu.

Multiplex: Die edlen Produkte mit den schön gestreiften Kanten sind besonders verzugssicher und viel härter als Sperrholz – aber auch wesentlich teurer. Die ebenfalls in verschiedenen Stärken erhältlichen Platten werden deshalb meist nur dann eingesetzt, wenn die Kanten sichtbar bleiben.

Profil- und Schnitzleisten

Die in vielen Varianten erhältlichen kleinen Holzleisten vereinfachen den Bau von Vogelhäuschen erheblich. Sie kommen sowohl bei der Konstruktion – beispielsweise zur Verstärkung von Verbindungen – als auch zur Dekoration – zum Beispiel als Zäune oder zur Dachflächengestaltung – zum Einsatz. Man unterscheidet dabei Profil- von Schnitzleisten:

Profilleisten

Als Profilleisten bezeichnet man Holzprodukte in einfachen Formen wie Rundhölzer, rechteckige Leisten oder solche in L-Form. Leisten von 10 x 10 mm eignen sich besonders gut, um Konstruktionen aus 10 mm dicken Sperrholzplatten zu verstärken. Rundhölzer kommen vor allem als Säulen und Pfosten zum Einsatz. Flache Leisten bieten sich als Umrandungen von Bodenplatten an. L-förmige Leisten schützen gut Dächer mit einem 90°-Winkel vor eindringender Feuchtigkeit.

Schnitzleisten

Die relativ teuren Leisten mit ihren schön geschnitzten Mustern setzen beim Bau von Vogelhäuschen und Futterstellen äußerst attraktive Ak-

zente. Der Fachhandel bietet sie in verschiedenen Breiten und in unzähligen Formen an. Breitere Leisten mit größeren Dekorelementen eignen sich sehr gut als attraktive Zaunelemente. Viele schmalere Leisten empfehlen sich vor allem zur Dachgestaltung, so als „Pfannenreihen" oder Giebelleisten. Beim Bearbeiten ist darauf zu achten, dass man bei Übergängen oder Aneinanderreihungen das Schnitzmuster berücksichtigt, sodass sich ein einheitliches Bild ergibt.

Latten und Stiele

Zum Aufstellen von Vogelhäuschen und Futterstellen im Garten kommen am besten gehobelte Latten und breite Rundhölzer zum Einsatz. Bei den Latten empfehlen sich mindestens 4 x 6 cm große Fichten- oder Kiefernhölzer. Soll der Ständer rund sein, greift man praktischerweise zu Besenstielen, die man oben gerade absägt. Sie sind preiswert und laufen unten spitz zu. Das vereinfacht es, sie in die Erde zu stecken. Sehr dekorativ sind zudem Spaten- und Schippenstiele, die leicht geschwungen sind. Sie passen sehr gut zu Vogelhäuschen mit geschwungenen, organischen Formen.

Aluminiumprofile

Statt Profilleisten aus Holz bieten sich für Nistkästen und Futterstellen in moderner Optik auch Aluminiumprofile an. Die wetterfesten Produkte gibt es nicht nur in den gleichen Formen wie in der Holzausführung, sondern auch als vielseitig einsetzbare Röhrchen.

Sägen & Bohren

Ohne Säge und Bohrer läuft nichts beim Bau von Nistkästen und Futterstellen. In der Regel reichen Standardwerkzeuge vollkommen aus, um zu professionellen Ergebnissen zu gelangen.

Tipp: Saubere Löcher

Beim Durchbohren von Hölzern reißt das Bohrloch auf der Unterseite schnell unattraktiv aus. Dies kann man vermeiden, indem man ein zweites Holzstück aus Abfall mit Zwingen unter das zu bearbeitende Holz klemmt und dann bis in dieses Abfallholz hineinbohrt.

Zwei Maschinen sind für den Bau von Vogelhäuschen und Futterstellen unverzichtbar: Stichsäge und Bohrmaschine. Für den Einsatzzweck reicht die Leistung von modernen Akkugeräten vollkommen aus. Ein Akkuschrauber ist als Bohrmaschine sogar empfehlenswerter als ein schnurgebundenes Gerät. Der Akkuschrauber lässt sich nicht nur einfacher handhaben, sondern seine Kraft auch genauer dosieren.

Wichtig sind in jedem Fall scharfe Sägeblätter und Bohrer. Mit stumpfem Werkzeug lässt sich kein professionelles Ergebnis erzielen. Bei den Bohrern sollte man unbedingt zu Holzbohrern greifen. Sie verfügen über eine Zentrierspitze, die punktgenaues Arbeiten sehr erleichtert, und sie sorgen im Holz für sauber gebohrte Löcher.

Die Stichsäge ist nicht für alle Schnitte gleichermaßen gut geeignet. Vor allem beim Zusägen von Leisten empfiehlt es sich, zu einer kleinen Hand- oder Puksäge zu greifen. Auch hier kommt es wieder auf ein scharfes Sägeblatt an. Besonders einfach gestaltet sich das Arbeiten mit sogenannten Japansägen.

Nur für handwerklich besonders anspruchsvolle Modelle wie den Leuchtturm auf Seite 102 ist eine Tischkreissäge erforderlich. Mit ihr lassen sich nicht nur sehr einfach lange Schnitte ausführen – auch winkelgenaue Gehrungsschnitte (schräge Schnitte) stellen mit einem Markengerät keine größere Herausforderung dar.

Arbeiten mit der Stichsäge

Beim Arbeiten mit der Stichsäge kommt es zunächst auf das richtige Sägeblatt an. Vor allem für das Bearbeiten von Sperrholz ist ein feines, scharfes Holzsägeblatt unverzichtbar. Die besten Ergebnisse erzielt man, wenn man die Maschine langsam durch das Werkstück führt. Bei verstellbarem Pendelhub sollte man diesen auf eine möglichst kleine Stufe stellen.

Führungsschiene

Gerade Schnitte gelingen nur, wenn man die Stichsäge an einer Schiene entlangführt. Der Handel bietet dazu spezielle Führungsschienen an. Es ist aber völlig ausreichend, eine gerade Holz- oder Aluminiumleiste mit zwei kleinen Zwingen als Führung zu verwenden. Der Abstand zur Schnittkante sollte zuvor ermittelt werden – in der Regel sind die Stichsägen so konstruiert, dass sich ein gerades Maß ergibt (3, 4 oder 5 cm).

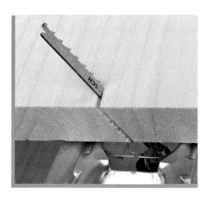

Saubere Schnitte

Beim Sägen mit der Stichsäge fällt die Schnittkante auf der Unterseite des Werkstücks meist sauberer aus als auf der beim Sägen sichtbaren Seite. Deshalb empfiehlt es sich bei sichtbaren Kanten, das Holz so herum zu bearbeiten, dass sich beim Sägen die wichtige Schnittfläche unten befindet.

Schräge Schnitte

Auch schräge Schnitte – sogenannte Gehrungsschnitte – sind mit der Stichsäge kein Problem. Die Säge kann entsprechend verstellt werden und rastet meist bei 45° spürbar ein. Bei anderen Winkeln empfiehlt es sich, die genaue Einstellung zunächst an einem Abfallstück auszuprobieren.

Sicherheitshinweis

Der Umgang mit Sägen und Bohrern birgt naturgemäß ein hohes Verletzungsrisiko. Grundsätzlich ist deshalb beim Sägen und Bohren stets Vorsicht und Umsicht geboten. Halten Sie die Werkzeuge von Kleinkindern fern und lassen Sie diese nicht unbeaufsichtigt. Führen Sie die Arbeiten stets ruhig und konzentriert aus. Es empfiehlt sich, Handschuhe und Schutzbrille zu tragen.

Bei Arbeiten mit Elektrosägen, vor allem beim Umgang mit Kreissägen, sind unbedingt die Sicherheitshinweise der Hersteller zu beachten.

Holzfräser

Sie sehen fast genauso aus wie Holzbohrer, sind aber Fräsen: die sogenannten Holzfräser. Man setzt sie ein, um Löcher ellipsenförmig oder größer zu fräsen oder um Rillen in Hölzern herzustellen.

Verbindungen

Verleimen, verdübeln, vernageln, verschrauben: Das sind die vier Alternativen, die sich beim Bau der Nistkästen und Futterstellen zum Verbinden der Bauteile anbieten.

Wasserfester Leim ist vor allem beim Arbeiten mit Sperrholz die beste Befestigungsalternative: einfach in der Handhabung, unsichtbar und universell einzusetzen. Besonders einfach lässt sich Leim aus der Tube verarbeiten. Und so gehts: Den Leim auf beide zu verbindenden Teile dünn auftragen. Dann beide Teile kurze Zeit fest aufeinanderpressen. Bei größeren Bauteilen dazu Zwingen verwenden. Erst weiterarbeiten, wenn der Leim ausgetrocknet ist.

Bei schwererem Material wie 2-cm-Leimholzplatten stellen Holzdübel die sicherste Verbindung dar. In beide Bauteile bohrt man genau gegenüberliegend gut 1 cm tiefe Löcher. Vor dem Zusammenstecken kommt etwas Leim in die Löcher.

Die Bauteile miteinander zu vernageln, hat den Nachteil, dass die Verbindungsform sichtbar bleibt, vor allem, wenn man stärkere Holzteile miteinander verbindet. Dazu benötigt man größere Nägel mit größeren Köpfen – und die sieht man von außen. Etwas eleganter ist das Arbeiten mit Stiftnägeln ohne Kopf. Die dünnen Nägel eignen sich aber nur zum Vernageln von dünneren Sperrholzplatten.

Das Verschrauben bietet sich vor allem beim unsichtbaren Befestigen von größeren Rechteckleisten und Rundhölzern als tragende Säulen an. Wichtig ist dann, mit einem 3-mm-Holzbohrer vorzubohren, damit das Bauteil beim Verschrauben nicht ausbricht.

Reinigungsöffnung

Jeder Nistkasten sollte problemlos zu reinigen sein. Dazu bieten sich verschiedene Möglichkeiten an wie zum Beispiel mit Scharnieren und Verschlüssen versehene Klappen. Wesentlich einfacher, preiswerter und auch eleganter sind konstruktive Lösungen wie beispielsweise abnehmbare Dächer oder Seiten- bzw. Rückwände.

Abnehmbares Dach

Die Dächer der hier vorgestellten Modelle sind schwer genug, um nicht fest mit dem Nistkasten verbunden sein zu müssen. Sie halten selbst bei Sturm, wenn sie konstruktiv sicher an ihrer Position gehalten werden. Dazu wird innen eine Holzleiste in den Dachwinkel eingeleimt. Die Leiste ist so lang, dass sie genau bündig zwischen Front- und Rückseite sitzt.

Abnehmbare Wand

Bei dieser Konstruktion wird vorzugsweise die Rückwand nicht fest mit dem Vogelhäuschen verbunden. Stattdessen halten herausziehbare Steckverbindungen die Wand in Position. Dazu eignen sich bei stärkeren Hölzern – wie einer 2-cm-Leimholzplatte – einfache Holzdübel, die durch die Seitenwand in die Rückwand gesteckt werden. Bei dünnerem Sperrholz reichen dazu sogar dicke Stecknadeln aus.

Abnehmbares Haus

Bei Modellen, die auf einer Bodenplatte stehen, kann man auch das gesamte Haus abnehmbar konstruieren. Dazu werden entlang der Innenseiten der Wände auf die Bodenplatte Holzleisten aufgeleimt, die den Nistkasten sicher in Position halten.

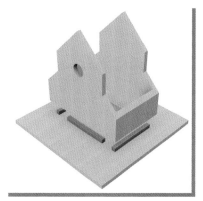

Einfluglöcher

Zum Erstellen der Einfluglöcher verwendet man am besten einen Bohrer. Der Handel führt diese in verschiedenen Ausführungen. Besonders einfach geht es mit sogenannten Forstnerbohrern: Diese in verschiedenen Größen erhältlichen Bohrer gleichen normalen Bohrern, können jedoch viel größere Löcher in Holz bohren (siehe Bild oben). Flexibel, aber etwas umständlicher in der Handhabung, sind verstellbare Lochschneider (siehe Bild unten). Man kann sie in der Breite millimetergenau einstellen.

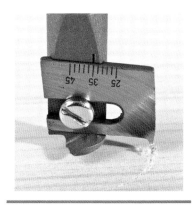

Lacke & Lasuren

Lacke und Lasuren erfüllen einen doppelten Zweck: Sie sorgen für ein attraktives Aussehen der Nistkästen oder Futterstellen und schützen darüber hinaus vor Wind und Wetter.

Als Lack bezeichnet man Farben, die deckend auftragen. Bei Lasuren scheint die Maserung durch – der Handel bietet sie in den verschiedensten Holztönen an.

Bei beiden Produkten ist zunächst entscheidend, dass sie wetterfest sind – schließlich sollen die Anstriche ja das verwendete Holz vor schneller Verwitterung schützen. Produkte zum Einsatz in Innenräumen sind für Vogelhäuschen und Futterstellen nicht geeignet, da sie nicht wetterfest sind.

Der Handel führt die Farben auf unterschiedlicher „Basis": Empfehlenswert sind vor allem Lacke auf Wasserbasis. Sie vereinfachen das Lackieren, zum Beispiel weil sich die Pinsel anschließend leicht mit Wasser reinigen lassen.

Eine wichtige Frage betrifft die Verträglichkeit für die Vögel. Grundsätzlich ist es empfehlenswert die Innenflächen der Nistkästen nicht zu streichen. Außen spielt die Verträglichkeit für Tiere eine untergeordnete Rolle: Grundsätzlich ist es so, dass sich bei Lacken und Lasuren nach dem kompletten Austrocknen und einer dauerhaften Belüftung – die ja im Garten auf jeden Fall gewährleistet ist – keine für Tiere gefährlichen Dampfkonzentrationen bilden können.

Richtig Lackieren

Das Bemalen der Vogelhäuschen steht und fällt nicht nur mit den richtigen Lacken, sondern vor allem auch mit den geeigneten Pinseln. Der Handel bietet spezielle Pinsel für verschiedene Lacktypen an. Es ist sinnvoll, die zu den jeweiligen Lacken empfohlenen Pinsel zu verwenden. Für Details setzt man kleine Pinsel aus dem Künstlerbedarf ein.

Grundieren

Die Hersteller empfehlen, die Bauteile vor dem Lackieren zu grundieren. Die Grundierung dünn auftragen, trocknen lassen und anschließend erneut leicht anschleifen. Eine Grundierung ist aber nicht in jedem Fall erforderlich wie etwa bei Sperrholz, das über eine sehr dichte Oberfläche verfügt.

Schleifen

Vor dem Lackieren sollten alle Flächen mit feinem Schleifpapier geschliffen werden. Das verbessert die Haftfähigkeit des Materials und beseitigt Unebenheiten und Verschmutzungen. Für größere Flächen empfiehlt sich dabei ein kleiner Winkelschleifer. Anschließend die Fläche staubfrei säubern.

Lackieren

Den Lack zunächst gut durchrühren. Zum Lackieren das Werkstück möglichst flach auflegen, damit die Farbe gut verlaufen kann. Wenn man senkrecht lackiert, bilden sich leicht Nasen. Mit dem Pinsel nicht zu viel Farbe aufnehmen und diese dann in einer Richtung hin und her verstreichen. Bei zu viel Farbe läuft man Gefahr, dass sie ungewollt tropft. Wenn die Farbe nach dem Trocknen nicht deckend sein sollte, ein zweites Mal lackieren.

Farben mischen

Lacke gibt es in den unterschiedlichsten Farbtönen. Man kann sie aber auch aus den Grundtönen Rot, Blau und Gelb sowie Weiß selbst mischen. Dazu etwas Grundfarbe in eine Farbwanne geben und die zweite Farbe mithilfe eines Holzstiels tröpfchenweise zur Grundfarbe geben und gut verrühren.

Pinsel feucht lagern

Um Pinsel für einen zweiten Farbauftrag am nächsten Tag wieder verwenden zu können, müssen sie nicht ausgewaschen werden. Es reicht aus, die Borsten mit einem Stück Frischhaltefolie weitestgehend luftdicht einzuschlagen.

Befestigungen

Vogelhäuschen oder Futterstellen werden entweder aufgehängt oder aufgestellt. Als Ständer kommen dabei gehobelte Latten, Rundhölzer oder Stiele infrage.

Zur Befestigung an einer Haus- oder Schuppenwand reicht es in der Regel vollkommen aus, eine Schraube mit breiterem Kopf in die Wand zu schrauben. Selbstverständlich kann man auch L-förmige Schraubhaken verwenden.

Beim Einsatz von gehobelten Latten, breiteren Rundhölzern oder oben abgeflachten Besenstielen als Ständer werden kleinere Vogelhäuschen oder Futterstellen einfach mit diesen verschraubt. Wichtig ist vorzubohren, um ein Zersplittern des Ständers zu vermeiden: Dazu die Bodenplatte von oben mit einem 3-mm-Holzbohrer durchbohren. In den Ständerkopf mittig ein mindestens 3 cm tiefes Loch bohren. Zusätzlich wird der Ständerkopf mit der Bodenplatte verleimt.

Bei größeren Vogelhäuschen benötigt man eine Halteplatte – 10 x 10 cm reichen in der Regel aus. Die Platte wird zunächst mit einer langen Schraube mittig mit dem vorgebohrten Ständer verbunden. Dann die Platte von unten mit kürzeren Schrauben mit dem Boden des Nistkastens bzw. der Futterstelle verbinden.

Alternativ kann man aus 5 mm breiten und 5 cm hohen Rechteckleisten ein Haltekreuz erstellen: Zwei 20 cm lange Holzleisten je mittig bis zur Hälfte 5 mm breit einsägen und die Leisten zu einem Kreuz verbinden. Dann den Ständerkopf mit der Stichsäge ausreichend tief kreuzförmig einsägen und das Leistenkreuz darin verleimen.

Naturmaterialien

Fundgrube Wald

Naturmaterialien erhält man seit längerem im gut sortierten Gartenfachhandel. Mehr Spaß aber macht es, die benötigten Äste selbst im Wald zu sammeln. Mitnehmen darf man Äste, die lose auf dem Boden liegen. Von Pflanzen etwas abzureißen oder abzusägen ist hingegen untersagt. Bei größeren Hölzern empfiehlt es sich, die Forstverwaltung um Erlaubnis zu bitten.

Sie zählen zu den Klassikern unter den Nistkästen und Futterstellen: Modelle aus Naturmaterialien. Dabei gibt es viele Alternativen zum althergebrachten Birkenstammhaus.

Vor allem Äste eignen sich hervorragend zum Bau ganz individueller Modelle. Sie kann man als tragende Säulen, als Wandverkleidungen oder als Ständer einsetzen. Klassisch sind zudem Dachabdeckungen aus Stroh- oder Schilfröhrchen.

Die beiden Modelle mit Naturmaterialien, die in diesem Buch vorgestellt werden, gehen jedoch neue Wege: Das *Naturhaus* (Seite 74) steht auf einer Baumscheibe, wobei das Dach von einer Begrünungsmatte abgedeckt wird. Und beim *Astscheibenhaus* (Seite 98) dienen in dünne Scheiben gesägte Äste als Zierelement. Beide Modelle verstehen sich als Anregungen, selbst kreativ zu werden und ganz eigene Ideen zu entwickeln, wie man Naturmaterialien zum Bauen einsetzen kann. Die Natur bietet hierzu genug Inspiration.

Problemfall Moos

Beim Modellbau zählt getrocknetes Moos von jeher zu den gern verwendeten Naturmaterialien. Allerdings stehen heute viele Moosarten auf der Roten Liste und gelten als gefährdet. Aus Naturschutzgründen sollte man deshalb grundsätzlich auf den Einsatz von Moos verzichten. Wer dennoch Moos sammeln möchte, sollte sich bei der heimischen Forstverwaltung erkundigen, wo ungefährdete Arten zu finden sind.

Bauen: Schritt für Schritt

Dieses Vogelhäuschen ist sozusagen die Mutter aller hier im Buch vorgestellten Bauanleitungen. Fast alle Schritte fallen so oder ähnlich beim Zusammenbau aller anderen Modelle an.

Das Häuschen fertigt man aus einer 10-mm-Sperrholzplatte. Es besteht aus der Bodenplatte, je einer Front- und Rückseite, zwei Seitenwänden sowie zwei Dachflächen.

Hinzu kommen fünf Stücke einer 10 x 10 mm starken Holzleiste. Vier gleich lange Stücke dienen zur Verstärkung der Konstruktion. Man leimt sie in die Innenecken der Wände.

Das Dach sitzt nur lose auf dem Häuschen und kann zum Reinigen abgenommen werden. Damit es sicher in seiner Position verbleibt, leimt man ein 10 cm langes Stück der 10 x 10 mm Leiste so in die Giebelinnenseite, dass es sich bündig zwischen Front- und Rückseite befindet.

Schließlich kommt noch eine L-Leiste (15 x 15 mm) zum Einsatz. Dieses oben auf dem Dach verleimte Profilholz schützt vor eindringendem Regen.

Das Grundhäuschen lässt sich auf verschiedenste Weise abwandeln. So kann man es beispielsweise auch aus 2 cm starkem Leimholz bauen. Dann verändern sich die Maße etwas und auf die vier Holzleisten in den Wandecken kann verzichtet werden. Eine solche Konstruktion kommt beim *Futterhaus-Chalet* (Seite 62) und beim *Naturhaus* (Seite 74) zum Einsatz.

Die folgende Bauanleitung zeigt exemplarisch für alle weiteren Modelle den Bau in Schritt-für-Schritt-Fotos.

Werkzeug

Stichsäge
Akkuschrauber
Holzbohrer, 30 mm Ø
Hand- oder Puksäge
Zwingen
Feile

Bleistift
Zollstock
Schleifpapier

Material

10-mm-Sperrholzplatte
ca. 60 x 50 cm
1 m Holzleiste 10 x 10 mm
20 cm L-Leiste 15 x 15 mm

Grundierung für Acryllack
bunter Acryllack

Deko-Tipp

*Das Grundhäuschen
wirkt bei einer auf-
wendigeren Bemalung
wesentlich lebendiger.
Geeignet sind beispiels-
weise Blumenmotive.
Für einen naturnah ge-
stalteten Garten bietet
es sich alternativ an,
den Nistkasten lediglich
zu lasieren.*

1 Die Maße von Seite 112 auf die Sperrholzplatte übertragen.

2 Die Bauteile mit einer Stichsäge entlang
einer Führungsschiene aussägen.

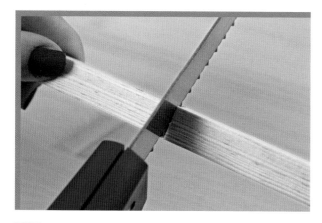

3 Die benötigten Stücke der Holzleiste mit
einer Handsäge aussägen.

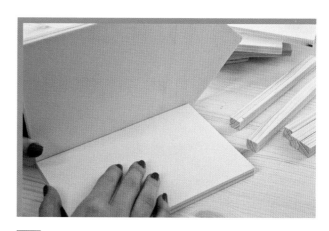

4 Die Bauteile provisorisch aneinanderhalten und alle Größen überprüfen.

5 Mit einem 30-mm-Kreisbohrer das Einflugloch aussägen.

6 Eventuell mit einer Feile das Einflugloch
nacharbeiten.

7 Alle Kanten und Ecken von Hand mit feinem Schmirgelpapier schleifen.

10 Leim dünn auf die Holzleistenstücke und die Wandpositionen auftragen.

8 Größere Flächen lassen sich leichter mit einem Winkelschleifer schleifen.

11 Die Holzleisten auf den Wänden kurze Zeit fest andrücken.

9 Bauteile zusammenhalten und Positionen der Stabilisierungshölzer anzeichnen.

12 Gegebenenfalls überschüssigen Leim entfernen (etwa mit einer Messerspitze).

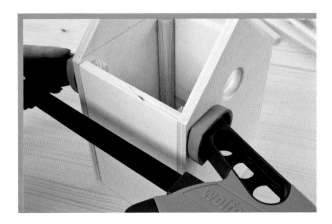

13 Die Wände miteinander verleimen. Dazu Zwingen benutzen.

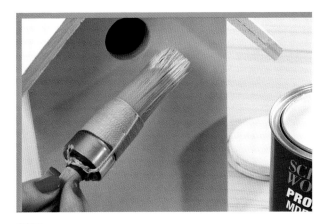

16 Das Vogelhäuschen mit Grundierung grundieren.

14 Überprüfen, ob die Halteleiste für das Dach zwischen Front- und Rückseite passt.

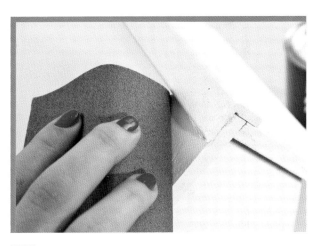

17 Nach dem Trocknen der Grundierung den Nistkasten noch einmal anschleifen.

15 Die Dachflächen mit der mittig angesetzten Halteleiste und der L-Leiste verleimen.

18 Alle Bauteile lackieren. Wenn die Farbe nicht deckt, eine zweite Schicht auftragen.

Bauanleitungen

Der Modellbau

Auf den folgenden Seiten werden verschiedene Modelle vorgestellt. Die Bauanleitungen verstehen sich dabei als Anregungen, wie Futterstellen und Vogelhäuschen gestaltet werden können.

Zu jedem Modell finden sich detaillierte Angaben zu Konstruktion und Größe. Alle Arbeitsschritte werden genau erklärt. Die Grundlage für die meisten Modelle bilden die Schritt-für-Schritt-Anleitungen des Grundhäuschens auf Seite 28 bis 31. Explosionszeichnungen erleichtern es dabei, den Aufbau der Futterstellen und Vogelhäuschen nachzuvollziehen. Ab Seite 110 finden sich zudem genaue Aufrisse und Schablonen.

Es liegt in der Natur der Sache, dass der Bau der Modelle unterschiedliche Anforderungen an das handwerkliche Geschick stellt. Grundsätzlich wurde darauf geachtet, dass die meisten Modelle auch ohne größere Vorerfahrung leicht nachgebaut werden können. Gleichwohl gibt es einige Modelle wie den Leuchtturm (ab Seite 109), die eine größere Herausforderung darstellen.

Handelsübliche Materialien

Die Materialien, die man für den Bau benötigt, erhält man – mit Ausnahme der Naturmaterialien – in jedem gut sortierten Baumarkt. Auf den Einsatz ungewöhnlicher und schwer zu beschaffender Produkte wurde bewusst verzichtet. Gleiches gilt übrigens auch für den Preis – die verwendeten Materialien sind relativ preiswert. So werden beispielsweise fast ausschließlich handelsübliche Leim- und Sperrholzplatten verwendet. Selbstverständlich kann man aber auch andere Materialien wie zum Beispiel teurere Vollhölzer einsetzen.

Der Aufwand

Zu jedem Modell finden sich Kästen zu Schwierigkeitsgrad, Materialaufwand und Bemalung. Die dreistufige Sonnen-Skala steht für:

        klein, gering, einfach

        schwieriger, größer, mittel

        anspruchsvoll, hoch, aufwendig

Individuelle Gestaltung

Die Modelle können auf individuelle Bedürfnisse und Vorlieben hin angepasst werden. Das bezieht sich vor allem auf die Bemalung: Die gezeigten Varianten stellen ein breites Spektrum an Gestaltungsmöglichkeiten vor: von fröhlich-bunt bis hin zu sachlich-elegant. Jedes Modell lässt sich natürlich auch anders als gezeigt gestalten und farblich beispielsweise auf die jeweilige Garten- und Hausarchitektur abstimmen. Den persönlichen Vorlieben sind dabei keine Grenzen gesetzt.

Bei den Vogelhäuschen ist es sinnvoll, die Größen der Einfluglöcher auf die heimischen Vogelarten hin anzupassen (siehe Seite 8/9). Als Standardgröße wurde eine Lochgröße von 30 mm gewählt. Es können selbstverständlich auch alle anderen Lochgrößen gebohrt werden (siehe hierzu auch Seite 18/19).

Selbstverständlich sind auch andere Veränderungen an der Konstruktion möglich, wie etwa die Befestigung. Viele Modelle können sowohl aufgestellt als auch aufgehängt werden. Dazu sind oft nur geringe Veränderungen notwendig wie beispielsweise das Aufschrauben von Futterstelle oder Häuschen auf einen Stiel oder Ständer.

Gleiches gilt für die Verbindungen der Bauteile. Bei den Modellen werden Wand, Boden und Dach in der Regel verleimt und zum Teil zusätzlich vernagelt. Es ist aber auch möglich, die Bauteile miteinander zu verdübeln zu verkleben oder zu verschrauben.

Bei der Verwendung dickerer oder dünnerer Hölzer muss darauf geachtet werden, welche Veränderungen sich dadurch in den Konstruktionsmaßen ergeben. Das kann zum Beispiel die Dachkonstruktion oder die Breite der Wände betreffen.

Sicherheitshinweise

► *Gehen Sie den Bau der Modelle vorsichtig und überlegt an. Führen Sie grundsätzlich nur Arbeiten aus, die Sie sich auch zutrauen. Im Zweifelsfall empfiehlt es sich, einen erfahrenen Heimwerker hinzuzuziehen.*

► *Vor allem beim Umgang mit Elektrowerkzeugen gilt es, die Sicherheitshinweise der Hersteller genau zu beachten.*

► *Achten Sie auf mögliche Gefahren für andere, vor allem für kleinere Kinder. Gefährliche Werkzeuge wie Sägen oder Messer sollten sich immer außerhalb der Reichweite der Kleinen befinden. Aber auch von spitzen und scharfen Kanten gehen Verletzungsgefahren aus.*

Futtertiere

Schwierigkeitsgrad	☀
Materialaufwand	☀
Bemalung	☀ ☀

Sie sorgen für gute Laune in Blumenkästen, auf Terrassen und mitten im Garten: Futterhahn und -ente. Je mehr Mühe man sich beim Bemalen gibt, desto überzeugender ist das Ergebnis.

Die fröhlichen Freunde lassen sich in zwei Varianten fertigen: als Aufhängung für Meisenknödel und Fettfutter oder als „Tablettträger" für Vogelfutter. Für die zweite Ausführung wird einfach ein kleines Tablett gefertigt, das dann an dem Holztier befestigt wird.

Die Tierformen sägt man aus 20 mm starken Leimholzplatten zu und bemalt sie dann mit wetterfestem Acryllack. Zum Aufstellen benötigt man zudem ein 10 mm starkes Rundprofil. Für das Tablett reicht ein kleines 6 oder 8 mm starkes Sperrholzstück. Eine ringsum angebrachte dünne Leiste verhindert, dass das Vogelfutter vom Wind heruntergeweht werden kann.

Die Wirkung der Futtertiere steht und fällt mit der Bemalung. Ein besonders schöner Eindruck beim Federkleid entsteht, wenn man „nass in nass" arbeitet, also beim Bemalen nicht wartet, bis die einzelner Farben ausgetrocknet sind.

Die hier gezeigten Varianten kann mar natürlich nach Lust und Laune verändern. Letztlich lässt sich jede denkbare Form zusägen, an der man einen Meisenknödel oder Fettfutter aufhängen kann. Alternative Motive sind etwa Blumen- und Blütenformen. Wenn man andere Tiermotive wählt, sollte man allerdings darauf achten, dass sie die Vögel nicht verschrecken. Aggressive Raubvögel sind also genauso ungeeignet wie Hunde oder Katzen.

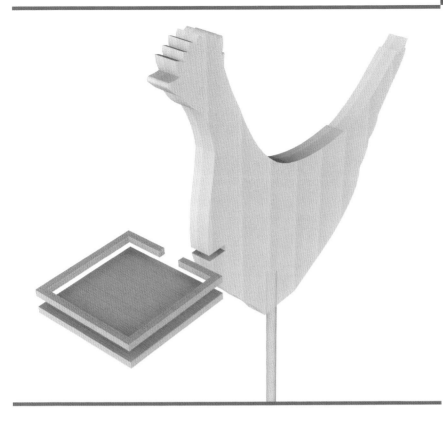

Werkzeug

Stichsäge
Akkuschrauber
Holzbohrer, 10 mm Ø
Feile
Hand- oder Puksäge
Bleistift
Zollstock
Schleifpapier

Material

20-mm-Leimholzplatte
ca. 40 x 50 cm
1 m Rundholzleiste, 10 mm Ø

wasserfester Leim
Grundierung für Acryllack
bunter Acryllack

1 Eine der beiden Tierschablonen von Seite 110/111 auf die richtige Größe vergrößern. Dazu bieten sich zwei Alternativen an:

1. Die Vorlage je zwei Mal auf einem A3-Kopierer mit einem Vergrößerungsfaktor von 200 Prozent kopieren. Insgesamt wird die Kopie also doppelt so groß wie die Vorlage.

2. Die Vorlage einscannen, in einem Bildbearbeitungsprogramm um 400 Prozent vergrößern und auf einem A3-Drucker ausdrucken. Wer nur über einen A4-Drucker verfügt, teilt das Bild in zwei Hälften auf, druckt diese aus und klebt die Halbbilder dann zu einer Schablone zusammen.

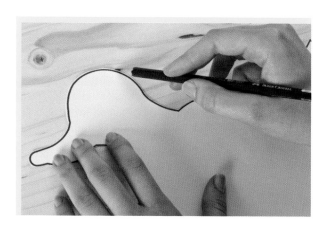

2 Die Grundform des Tieres mithilfe der Schablone auf die 20 mm starke Leimholzplatte übertragen.

3 Mit einer Stichsäge die Form des Tieres aussägen.

4 Eventuell die Ränder mit grobem Schleifpapier oder einer Feile nacharbeiten.

5 Auf der Unterseite mit einem 10-mm-Bohrer mittig ein ca. 30 mm tiefes Loch in das Holz bohren. In das Loch wird die Befestigungsstange gesteckt.

6 Den Rundstab gegebenenfalls mit einer Hand- oder Puksäge auf die gewünschte Länge einkürzen.

7 Alle Flächen und den Rundstab mit feinem Schleifpapier abschmirgeln.

8 Futtertier und Holzstab grundieren und trocknen lassen.

9 Alle Teile noch einmal mit feinem Papier anschleifen und dann lackieren.

10 Den Rundstab in das Loch stecken und verleimen.

Tipp: Die Länge des Rundstabes lässt sich beliebig anpassen. Für Balkonkästen empfiehlt sich beispielsweise eine Höhe von 40 cm.

Material Tablett

6- oder 8-mm-Sperrholzplatte
10 x 10 cm
40 cm Holzleiste 6 x 6 mm

Tablett

1 Aus 6 oder 8 mm Sperrholzplatte ein 10 x 10 cm großes
Quadrat aussägen.

2 Die Holzleiste zusägen.

3 Die zugesägten Leistenstücke auf der Platte
verleimen.

4 Die Form an der Befes-
tigungsposition ca. 2 cm einsägen. Der Schlitz muss 6 beziehungsweise 8 mm breit sein.

5 Tablett schleifen, grundieren
und lackieren.

6 Das Tablett einsetzen und
verleimen.

Leistenlängen

1 x 100 mm
2 x 94 mm
2 x 34 mm

Futterampel

Diese Futterampel ist ein Gourmetrestaurant für die heimische Vogelwelt. Sie bietet auf drei Ebenen Futter an: oben und unten verschiedene Körnermischungen und in der Mitte Obst.

Die Grundkonstruktion ist denkbar einfach: Sie besteht aus drei Ringen und einer runden Platte als „Dach". In die Bauteile werden außen je drei Löcher gebohrt, durch die je eine Schnur gezogen wird. Knoten in gleichmäßigen Abständen halten die Ringe und das Dach auf dem gewünschten Abstand. Oben werden die Schnüre zusammengeführt und miteinander verknotet. An diesem Knoten kann die Ampel dann zum Beispiel mit einem Fleischerhaken in einen Baum gehängt werden.

Als Futterablage dienen kleine Schalen mit breiterem Rand. Man erhält sie preiswert in verschiedensten Ausführungen in Gartencentern oder Baumärkten. Ein passend zugeschnittener Schaschlikspieß aus Stahl hält das Stück Obst.

Form und Art der Schale sowie Schnüre und Bemalung bestimmen die Optik, die ganz unterschiedlich ausfallen kann: Wenn man zum Besipiel Terrakottagefäße einsetzt, die Ringe lasiert und mit Lederbändern verbindet, wirkt die Ampel sehr naturverbunden. Mit bunten Schalen und Schnüren sowie einer poppigen Bemalung der Ringe entsteht ein fröhliches Gartenobjekt.

Die hier gezeigte Variante wirkt edel und dezent. Den Eindruck unterstreichen nicht nur Glasschalen, Nylonband und eine hellgraue Lackierung, sondern auch kleine Aluminiumröhrchen, die die Schnurführung verdecken.

Stichsäge
Akkuschrauber
Holzbohrer, 3 mm Ø
Puk- oder Metallsäge
Feile

Zirkel
Bleistift
Zollstock
Schleifpapier
Schere

Material

10-mm-Sperrholzplatte
ca. 40 x 40 cm
1 m Aluminiumröhre, 10 mm Ø

min. 1,5 m Schnur
1 ca. 20 cm langer Metallspieß
2 kleine Schalen

Wetterschutzlasur
oder
Grundierung für Acryllack
bunter Acryllack

Material-Tipp

*Zum Aufhängen ver-
wendet man am besten
einen Fleischerhaken.
Den gibt es nicht nur
in Metalloptik, sondern
auch in Schwarz oder
in bunten Farben. Über
das Angebot informiert
man sich am besten vor
Ort im Baumarkt.*

1 Zunächst wird die Größe der Ringe und des Daches bestimmt. Die Maße richten sich nach dem Durchmesser der Schalen. Als Erstes misst man deshalb die Breite der Schalen ohne Rand aus. Der Rand muss unberücksichtigt bleiben, damit die Schalen später nicht durch die Halteringe fallen. Indem man den ermittelten Durchmesser durch zwei teilt, erhält man den Radius. Zu diesem addiert man 3 cm (die sichtbare Breite der Ringe). Die Mustermaße auf Seite 112 zeigen die Grundkonstruktion.

2 Den ermittelten Radius an einem Zirkel einstellen und vier Kreise auf der 10-mm-Sperrholzplatte aufzeichnen.

3 Damit die Ampel gerade hängt, müssen die Löcher für die Bänder denselben Abstand zueinander haben. Die Bohrpositionen bestimmt man, indem man den Radius am Zirkel um 1 cm verkürzt. Dann zeichnet man in die vorhandenen Kreise je einen neuen Kreis ein. Wichtig: Die Zirkelspitze muss sich genau in

der Mitte des vorhandenen Kreises befinden – dazu dasselbe Zirkelloch wie beim ersten Kreis benutzen.

Den Zirkel nicht verstellen und die Zirkelspitze an einem beliebigen Punkt des neuen Kreises ansetzen. Den Zirkel schlagen und die Schnittpunkte mit dem Kreis deutlich markieren. An diesen Schnittpunkten erneut den unverstellten Zirkel ansetzen, erneut schlagen und wiederum die Schnittpunkte deutlich markieren. Auf diese Wiese erhält man sechs Schnittpunkte, die genau gleich weit auseinanderliegen. Jeder zweite Schnittpunkt markiert die Bohrposition für die Löcher.

4 Jetzt noch den inneren Kreis aufzeichnen, indem man den Zirkel auf den Ursprungsradius der Schale (ohne Rand) einstellt.

5 Die Dachfläche und die drei Ringe mit einer Stichsäge aussägen. Beim Sägen besonders sorgfälitg arbeiten, um perfekte Kreise zu erhalten. Am besten ein sehr feines Sägeblatt verwenden.

6 Die eingezeichneten Löcher für die Schnüre mit einem 3-mm-Holzbohrer bohren.

7 In einen der drei Ringe mit dem 3-mm-Bohrer eine Durchführung für den Schaschlikspieß bohren.

8 Auf der gegenüberliegenden Seite eine kleine Vertiefung erstellen, in der die Spitze des Spießes Halt findet.

9 Den Spieß auf die richtige Länge kürzen.

10 Die Ringe und das Dach mit feinem Schleifpapier schleifen.

11 Die Bauteile mit Wetterschutzlasur lasieren. Alternativ Ringe und Dach lackieren: Dazu Grundierung auftragen, trocknen lassen, erneut fein anschleifen und schließlich die Bauteile mit Acryllack lackieren.

12 Je ein Ende der mindestens 70 cm langen Schnüre verkno-

ten und durch den unteren Ring ziehen.

13 Im Abstand von 10 cm erneut jeweils einen Knoten in die Schnüre knoten und den nächsten Ring aufziehen. Die Knotenabstände eventuell noch einmal korrigieren.

14 Das Ganze noch zweimal mit dem letzten Ring und dem Dach wiederholen.

15 Abschließend die Schnüre oben miteinander verknoten.

16 Den Spieß und die Schälchen einsetzen.

Variante mit Röhrchen

Falls Röhrchen als Abstandhalter verwendet werden sollen, benötigt man neun je 10 cm lange Stücke aus dem Aluminiumrohr. Diese mit einer Puk- oder Metallsäge aussägen. Die Schnittflächen mit einer Feile entgraten und die Röhrchen zwischen Schritt 12 und 13 einsetzen.

Unterstand

Einfach, praktisch, gut: So präsentiert sich diese Futterstelle zum Aufhängen an einer Wand. In seiner klaren Formensprache passt der Unterstand bestens zu moderner Architektur.

Je besser das Futter für Vögel sichtbar ist und je geschützter es gegen Wind und Wetter ist, desto größer ist die Chance, dass die Tiere das Nahrungsangebot auch annehmen. Hier erweist sich der Unterstand mit seiner großen Futterfläche und dem breiten Dach als ideal.

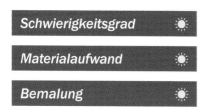

Die Grundkonstruktion ist denkbar einfach: Der Unterstand besteht im Wesentlichen nur aus Bodenplatte, Rückwand und Dach. Vorn tragen zwei Stützen das Dach. Hier sind Variationen möglich: So kann man die Säulen – je nach Geschmack – aus runden oder eckigen Holzleisten bauen. Auch Röhren aus Aluminium sind geeignet.

Elegant wirkt der Unterstand, wenn die Dachschräge durch entsprechende Gehrungsschnitte bei Rückwand und Dachfläche aufgegriffen wird. Dann liegen die beiden Holzplatten bündig aufeinander. Das trägt auch zur Stabilität bei.

Bei der hier gezeigten Variante verhindert eine schmale Holzleiste am Boden, dass lose auf dem Boden ausgestreutes Futter von kräftigem Wind heruntergefegt wird. Alternativ lässt sich auch eine flache Glasschale auf den Boden stellen. Wenn man diese im Sommer mit Wasser füllt, dient sie als Vogeltränke oder -bad.

Werkzeug

Stichsäge
Akkuschrauber
Holzbohrer, 8 mm Ø

Bleistift
Zollstock
Schleifpapier

Material

10-mm-Sperrholzplatte
ca. 30 x 50 cm
25 cm Holzleiste 10 x 10 mm
50 cm Holzleiste 5 x 18 mm

wasserfester Leim
Grundierung für Acryllack
bunter Acryllack

Material-Variante

Statt der Pfosten aus Holz kann man auch andere Materialien einsetzen, beispielsweise 10-mm-Aluminiumröhrchen. Dann entfällt die Umrandung. Damit das Futter nicht herausfallen kann, sollte es den Vögeln in Schalen angeboten werden.

1 Die beiden Formen der Holzplatten von Seite 113 mit Bleistift und Lineal auf die 10-mm-Sperrholzplatte übertragen. Das breitere Brettchen wird zweimal benötigt (für Dach und Rückwand).

2 Die Bodenplatte mit einer Stichsäge zusägen.

3 Damit Dach und Rückwand perfekt aufeinandersitzen, sollten sie je auf einer breiten Seite auf Gehrung gesägt werden, also schräg im Winkel von 15°.

4 Der Unterstand wird an zwei Haken an die Wand gehängt. Dazu müssen entsprechende Löcher mit dem Holzbohrer in die Rückwand gebohrt werden. Der Abstand sollte je ca. 5 cm nach oben und zur Seite betragen.

5 Als Pfosten vorn kommt eine 10 x 10 mm starke Holzleiste zum Einsatz. Die beiden benötigten 12-cm-Leisten werden ebenfalls je an einer Seite im Winkel von 15° gesägt.

6 Für die Umrandung unten eine 5 x 18 mm schmale Holzleiste einsetzen. Die drei Leistenstücke zusägen.

7 Alle Bauteile mit feinem Schmirgelpapier anrauen und dann grundieren.

8 Die getrockneten, grundierten Teile erneut leicht anschleifen. Dann alle Bauteile farbig lackieren.

Leistenlängen
10 x 10 mm:
2 x 12 cm
5 x 18 mm:
2 x 10 cm
1 x 21 cm

9 Boden, Dach und Rückwand miteinander verleimen. Dann auch alle Leisten miteinander verleimen.

10 Die fertige Umrandung mit den Pfosten zwischen Boden und Dach schieben. Die Position auf dem Boden und die Positionen der beiden Pfosten am Dach mit Bleistift anzeichnen.

11 Auf die angezeichneten Positionen etwas Leim auftragen und dann die Leistenkonstruktion endgültig befestigen.

Tipp: Das Verleimen der Leistenkonstruktion ist nicht ganz einfach. Zwangsläufig wird etwas Leim „verschmiert". Den überschüssigen Leim dann sofort mit einem feuchten Tuch abwischen. Ansonsten trocknet er ein und lässt sich später nicht mehr entfernen.

Vogelzelt

Witzig in der Form – poppig in den Farben: So belebt das Vogelzelt den Garten. Pate für das Modell standen die skandinavischen Nurdach-häuser ohne Seitenwände.

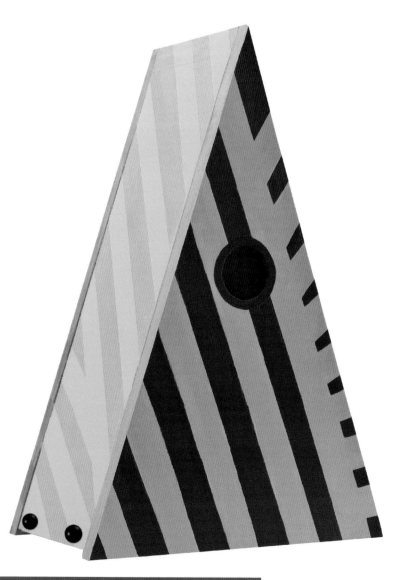

Die Konstruktion ist denkbar einfach: Nur fünf Brettchen – je eine Vorder- und eine Rückseite, die Bodenplatte und die beiden Dachflächen – sind für den Bau erforderlich.

Die Umsetzung allerdings ist nicht ganz so einfach, wie es scheint: Damit alles perfekt zueinander passt, müssen die Dachflächen oben und unten exakt auf Gehrung gesägt werden. Auch den Boden sollte man an den kurzen Seiten schräg sägen.

Der Boden wird nicht fest mit dem Häuschen verbunden. Man kann ihn zum Reinigen herausnehmen. Möglich wird dies durch vier große Stecknadeln: Knapp über dem Boden bohrt man durch die Seitenwände je zwei Löchlein in die Bodenplatte. Vier große Stecknadeln halten die Bodenplatte dann sicher in ihrer Position.

Für die peppige Bemalung wird ein kleiner Trick angewandt: Zunächst streicht man die gesamte Fläche in einer Grundfarbe. Wenn diese getrocknet ist, klebt man in regelmäßigen Abständen Klebefilmstreifen auf. Dann streicht man die freiliegenden Streifen in einer anderen Farbe. Dank der Klebefilmstreifen muss man dabei nicht allzu genau arbeiten. Selbst wenn man die Kanten der Streifen übermalt, entstehen am Ende saubere Farbstreifen. Nach dem Trocknen des zweiten Anstrichs zieht man die Klebefilmstreifen einfach wieder ab.

Werkzeug

Stichsäge
Akkuschrauber
Holzbohrer, 3 mm Ø
Kreisbohrer, 30 mm Ø

Bleistift
Zollstock
Schleifpapier

Material

10-mm-Sperrholzplatte
ca. 60 x 45 cm
4 lange Stecknadeln

wasserfester Leim
Grundierung für Acryllack
bunter Acryllack
Klebefilm

Material-Tipp

*Praktisch und dekorativ
sind Stecknadeln mit
einem großen, runden
Kopf. Bastelgeschäfte
führen die Nadeln in
verschiedenen Ausfüh-
rungen, so beispielswei-
se mit Köpfen aus Holz
oder Plastik.*

1 Die benötigten Formen der Holzplatten von Seite 113 mit Bleistift und Lineal auf eine 10-mm-Sperrholzplate übertragen. Dach- und die Dreieckplatte werden je zwei Mal benötigt.

2 Front und Rückseite mit der Stichsäge aussägen.

3 Damit die Dachflächen oben perfekt aneinanderpassen, sollten sie je auf einer kurzen Seite auf Gehrung im Winkel von 54° gesägt werden.

4 Die Bodenplatte sollte ebenfalls an beiden kurzen Seiten schräg gesägt werden (18°).

5 Das Einflugloch mit einem 30-mm-Kreisbohrer bohren.

6 Alle Bauteile mit feinem Schmirgelpapier anrauen und dann grundieren. Die getrockneten, grundierten Teile erneut leicht anschleifen. Dann auf alle Bauteile eine Grundfarbe auflackieren.

7 Eine Dachfläche bündig an die Bodenplatte anhalten und mit einem 3-mm-Bohrer im Abstand von 3 cm zur Seite je ein kleines Loch bohren. Den Arbeitsschritt mit der zweiten Dachfläche wiederholen.

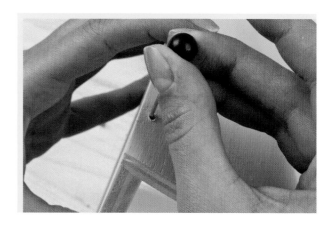

8 Mit einer Stecknadel überprüfen, ob die Löcher tief genug gebohrt sind und Boden sowie Dachflächen gut sitzen.

9 Die Dachflächen mit Front- und Rückseite verleimen.

10 Mit Klebefilmstreifen ein Streifenmuster auf die Dachflächen, die Front- und die Rückseite aufkleben.

11 Die zweite Farbe auf die freien Flächen auftragen.

12 Nach dem Trocknen die Klebestreifen entfernen.

13 Die Bodenplatte mithilfe von vier Stecknadeln an den Seitenwänden fixieren.

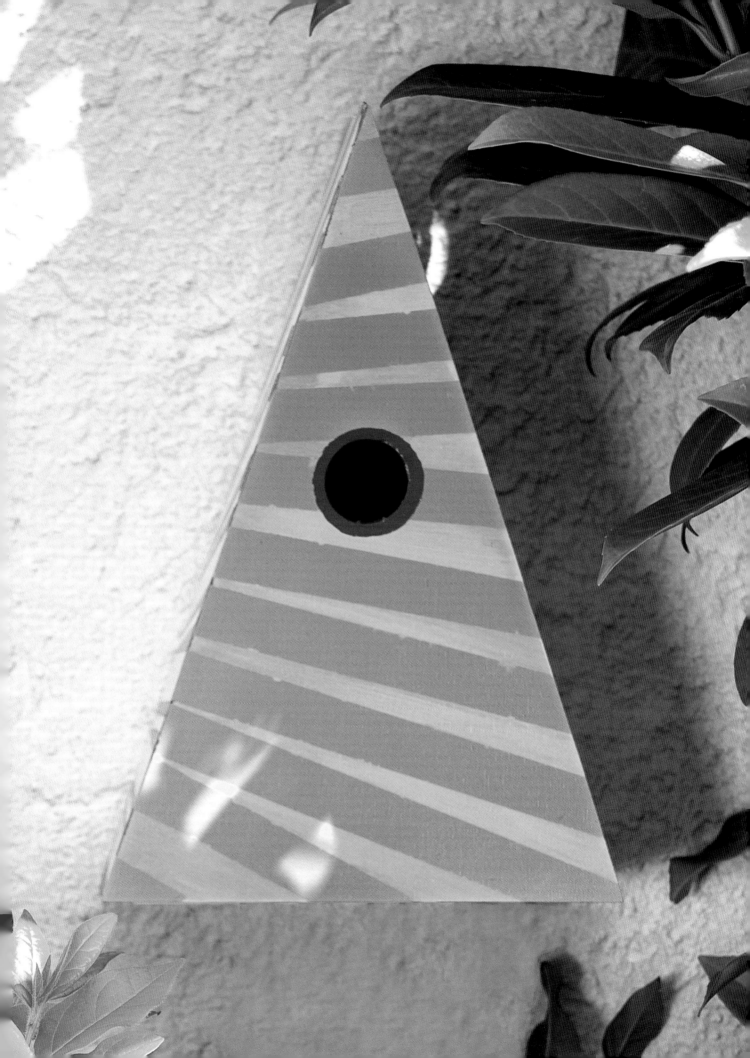

Halbhöhle

Schwierigkeitsgrad ☀

Materialaufwand ☀

Bemalung ☀

Eine einfache Konstruktion und kontrastreiche Farben verbinden sich hier zu einer so schlichten wie schönen Halbhöhle, bei der das bunte Holzvögelchen besonders gut zur Geltung kommt.

Wie das Modell beweist, muss man nicht immer viel handwerklichen Aufwand betreiben, um eine attraktive Niststelle zu schaffen. Einzig die auf Gehrung gesägte Dachspitze stellt beim Bauen eine kleine Herausforderung dar.

Das Vögelchen lässt sich mithilfe der Schablone von Seite 114 leicht aussägen.

So hübsch das Holzvögelchen diese Halbhöhle auch zieren mag – bei der Dekoration sind der Fantasie keine Grenzen gesetzt. Statt der Tierform könnten so beispielsweise auch ausgesägte Herzen oder Blumen der Halbhöhle besonderen Charakter verleihen. Ausgesägt werden sie aus 5 mm dünnem Sperrholz.

Die hier vorgestellte Farbvariante macht sich besonders gut in modernen Gärten und auf weißen Wänden. In anderen Umfeldern – beispielsweise in romantischen Gärten – bieten sich hingegen Pastelltöne in Lila und Rosa an.

Aber ganz gleich, für welche Farben man sich außen entscheidet, innen sollte die Halbhöhle auf jeden Fall in einem dunklen Farbton gestaltet werden. In einem hellen „Wohnzimmer" fühlen sich die gefiederten Freunde nicht wohl. Nicht umsonst bezeichnet man diese Niststellen als Höhlen.

Werkzeug

Stichsäge
Akkuschrauber
Holzbohrer, 8 mm Ø
kleine Feile

Bleistift
Zollstock
Schleifpapier

Material

10-mm-Sperrholzplatte
ca. 50 x 60 cm
5-mm-Sperrholzplatte
ca. 10 x 10 cm

wasserfester Leim
Grundierung für Acryllack
bunter Acryllack

Material-Variante

Selbstverständlich kann man die Halbhöhle auch mit anderen Materialien als Holz dekorieren wie beispielsweise einem kleinen Namensschild aus Schiefer oder wasserfesten Dekomaterialien aus dem Bastel- oder Gartenhandel.

Halbhöhle bauen

1 Die benötigten acht Formen der Bauteile inklusive die Bohrposition in der Rückwand von Seite 114 mit Bleistift und Lineal auf eine 10-mm-Sperrholzplatte übertragen.

2 Front und Rückseite, Seitenwände und Giebel sowie Bodenplatte mit der Stichsäge aussägen.

3 Um das Vogelhäuschen später aufhängen zu können, muss in die Rückwand ein 8 mm großes Loch gebohrt werden.

4 Damit die Dachflächen oben perfekt aneinandersitzen, sollten sie je auf einer kurzen Seite auf Gehrung im Winkel von 55° gesägt werden.

5 Alle Bauteile mit feinem Schmirgelpapier anrauen und dann grundieren.

6 Die Innenseiten der getrockneten, grundierten Teile erneut leicht anschleifen und in einem dunklen Farbton lackieren.

7 Wenn die Farbe getrocknet ist, die Außenseiten noch einmal leicht anschleifen und dann in den gewünschten Farben lackieren.

8 Alle Bauteile miteinander verleimen.

Tierdekoration erstellen

1 Die Schablone zum Zusägen des Vögelchens von Seite 114 eins zu eins kopieren und dann ausschneiden.

2 Die Schablone auf die 5-mm-Sperrholzplatte legen und die Umrisse mit einem Bleistift nachzeichnen.

3 Die Tierform mit einer Stichsäge aussägen. Die Kanten mit Schleifpapier und eventuell mit einer kleinen Feile nacharbeiten.

4 Die Flächen mit feinem Schleifpapier anschleifen.

5 Die Form grundieren und dann trocknen lassen.

6 Mit einem feinen Pinsel die Tierform bunt lackieren.

7 Wenn der Lack getrocknet ist, die Form auf die Front der Halbhöhle kleben.

Blumenhaus

Schwierigkeitsgrad	☀
Materialaufwand	☀
Bemalung	☀ ☀

Ein süßes, buntes Vogelhäuschen, das perfekt in jeden fröhlichen Garten passt! Denn je nach Geschmack entsteht entweder ein Sonnen-, ein Sterne- oder ein Blumenhaus.

Das Vogelhäuschen hat eine „vorgehängte Fassade", ein Dekorelement, das für seinen ganz individuellen Auftritt sorgt. Aus dünnem Sperrholz wird ein hübsches Motiv auf die Vorderseite eines einfachen Grundhauses (siehe Seite 26) geklebt. Das Besondere dabei: Im Zentrum des Motivs befindet sich ein kleines Loch, das genauso groß wie das Einflugloch ist. So wird es möglich, ein größeres Zierelement zu verwenden, das die Gesamtoptik bestimmt.

In den hier vorgestellten Varianten sorgen eine große blühende Blume und eine lachende Sonne für fröhliche Stimmung im Garten. Aber auch viele andere Motive sind denkbar wie ein Windrad, ein Stern oder ein Gesicht. Der Fantasie sind hier keine Grenzen gesetzt.

Die Konstruktion des Grundhäuschen ist bei der hier vorgestellten Variante leicht verändert: Die Seiten stehen schräg, was das Häuschen etwas eleganter erscheinen lässt. Aber auch die Variante mit geraden Wänden, die sich noch etwas einfacher bauen lässt, bietet sich an.

Der Bemalung kommt besondere Bedeutung zu. Je liebevoller man das Vogelhäuschen gestaltet, desto überzeugender ist das Ergebnis.

Das Häuschen kann sowohl aufgehängt als auch aufgestellt werden. Zum Aufhängen wird ein Loch in die Rückseite gebohrt, zum Aufstellen benötigt man einen Stiel.

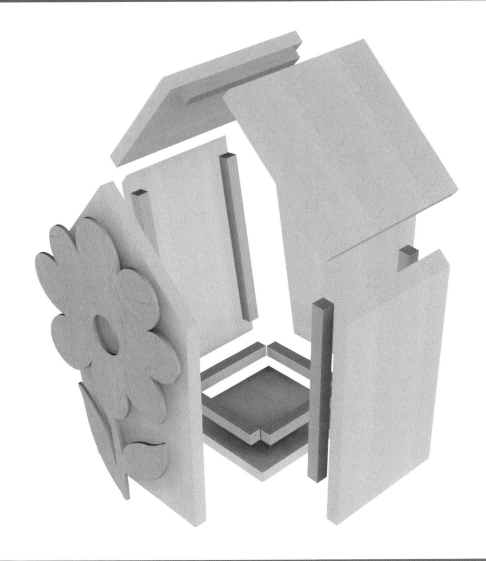

Stichsäge
Akkuschrauber
Kreisbohrer, 30 mm Ø

Bleistift
Zollstock
Schleifpapier

10-mm-Sperrholzplatte
ca. 50 x 70 cm
8-mm-Sperrholzplatte
ca. 35 x 25 cm

1 m Holzleiste 10 x 10 mm

wasserfester Leim
Grundierung für Acryllack
bunter Acryllack

*Damit das aufgeleimte
Motiv gut wirkt, solte
die Frontseite des Vo-
gelhäuschens nicht zu
bunt bemalt sein. Als
Hintergrund eignet sich
etwa ein Himmelmotiv,
das unten von einer
aufgemalten Wiese ab-
geschlossen wird.*

1 Die Formen der Teile für das Vogelhäuschen von Seite 115 mit Bleistift und langem Lineal auf die 10-mm-Sperrholzplatte übertragen.

2 Die Teile aussägen. Für eine perfekte Optik die Seitenwände auf Gehrung sägen; oben im Winkel von 40°, unten von 5°.

3 Die benötigten Teile aus der Holzleiste zusägen.

Leistenlängen
10 x 10 mm:
4 x 15 cm
1 x 10 cm
4 x 8 cm

4 Das Einflugloch mit einem 30-mm-Kreisbohrer bohren.

5 Alle Holzteile mit feinem Schmirgelpapier schleifen.

6 Front- und Rückseite sowie Seitenwände und Bodenplatte mit den Holzstäben verleimen. Das Dach bleibt abnehmbar. Es wird mit einer Holzleiste, die genau zwischen Front- und Rückseite passt, gesondert verleimt.

7 Das Häuschen grundieren.

8 Alle Teile noch einmal mit feinem Papier anschleifen und dann mit Acryllack bemalen.

9 Die Form der Blume oder der Sonne von Seite 115 auf eine 8-mm-Sperrholzplatte übertragen. Dazu die Form vergrößert kopieren oder einscannen und ausdrucken (siehe auch Seite 38).

10 Die Form mit einer Stichsäge aussägen.

11 Die Form mit feinem Schleifpapier schleifen.

Tipp: Das Schleifen fällt leichter, wenn man das Schleifpapier um ein dünnes Stück Sperrholzplatte wickelt (ca. 5 x 8 cm).

12 Das Motiv grundieren. Die Grundierung trocknen lassen und dann Blume oder Sonne mit Acryllack bemalen.

13 Das Motiv mit Leim auf das Häuschen kleben.

Chalet

Schwierigkeitsgrad ☀

Materialaufwand ☀

Bemalung ☀ ☀

Ein Vogelhäuschen so ursprünglich wie die Schweizer Bergwelt: So präsentiert sich das Chalet, das sowohl als Wohnung als auch als Futterstelle gebaut werden kann.

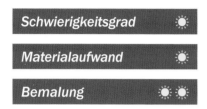

Seinen Charme bezieht das Chalet vor allem aus seiner liebevollen Dachgestaltung. Zur Verzierung setzt man Schnitzleisten ein, die Bau- und Holzfachhändler in verschiedensten Ausführungen anbieten. In den hier gezeigten Varianten werden zwei unterschiedliche Profilhölzer eingesetzt: Eine ca. 5 cm breite Leiste mit Rundungen zur Dachdeckung und ein halbrundes, ca. 2 cm breites Profil mit Verzierungen als Giebelleiste.

Natürlich lassen sich auch andere Schnitzleisten verwenden. Für die Wirkung des Chalets ist dann allerdings wichtig, dass die Länge des Daches perfekt zu der Breite der verwendeten Leisten passt. Dazu ein Beispiel: Ist die Schnitzleiste 5 cm breit, dann sollte die Dachfläche genau 20, 25 oder 30 cm lang sein. Sind es nur ein paar Zentimeter weniger oder mehr, müsste eine Schnitzleiste in der Breite gekürzt werden, was sich meist negativ auf die Optik auswirkt und zudem handwerklich nicht ganz einfach ist. Es empfiehlt sich also, erst die Schnitzleisten zu kaufen und dann das genaue Maß des Dachs festzulegen. Da die Dachflächen überstehen, hat man dabei ausreichend Spiel.

Während man das Vogelhaus-Chalet auch aufhängen kann – das Dach muss dann hinten bündig zur Rückwand sein –, ist die Futterstelle nur zum Aufstellen geeignet. Am besten verwendet man dazu ein Rundholz oder eine gehobelte Holzlatte.

Werkzeug

Stichsäge
Akkuschrauber
Hand- oder Puksäge
Kreisbohrer, 30 mm Ø
Holzbohrer, 3 mm Ø
Schraubendreher

Bleistift
Zollstock
Schleifpapier

Material

Vogelhaus-Chalet:

20-mm-Leimholzplatte
ca. 45 x 50 cm
10-mm-Sperrholzplatte:
ca. 20 x 30 cm
2 m Schnitzleisten (Dach)
1 m Schnitzleiste (Giebelseite)

Wetterschutzlasur

Futterhaus-Chalet:

10-mm-Sperrholzplatte
ca. 40 x 40 cm
1 m Rundholzleiste, 20 mm Ø
11 cm Holzelsite 10 x 10 mm
2 m Schnitzleisten (Dach)
2 m Schnitzleisten (Giebelseite und Umrandung)
4 Schrauben, 35 – 40 mm lang

Wetterschutzlasur

Vogelhauschalet

Die Konstruktion als Nistplatz gleicht der des Grundhäuschens von Seite 26. Das Dach ist zum Reinigen abnehmbar. Man baut zunächst das Vogelhaus ohne Dach aus einer 20-mm-Leimholz-platte. Das Dach wird anschließend gesondert aus einer 10-mm-Sperholzplatte angefertigt.

1 Die Formen von Bodenplatte, Seitenwänden, Front- und Rückseite sowie die Bohrposition des Einflugloches von Seite 116 mit Bleistift und Lineal auf eine 20 mm starke Leimholzplatte übertragen.

2 Die Holzteile mit einer Stichsäge aussägen.

3 Das Einflugloch mit dem 30-mm-Kreisbohrer ausbohren.

4 Alle Flächen mit feinem Schleifpapier schleifen.

5 Alle Bauteile zweimal mit wetterfester Lasur streichen.

6 Front- und Rückseite, Seitenwände und Bodenplatte miteinander verleimen.

Tipp: Um eine größere Stabilität zu erreichen, können die Teile zusätzlich miteinander verdübelt oder vernagelt werden. Fürs Nageln empfehlen sich Stiftnägel ohne sichtbaren Kopf.

Dachbau

Die genaue Länge des Daches richtet sich nach der Breite der zur Abdeckung verwendeten Schnitzleisten. Die Dachfläche des hier gezeigten Modells ist 18 cm breit und 15 cm lang. Es empfiehlt sich, eine ähnlich große Fläche zu fertigen, damit die Proportionen des Hauses und des Daches zueinanderpassen.

1 Zunächst wird die Breite der Schnitzleisten ermittelt. Dann berechnet man, wie viele Leisten benötigt werden, um zwei Dachlängen von ca. 15 cm Länge zu erreichen.

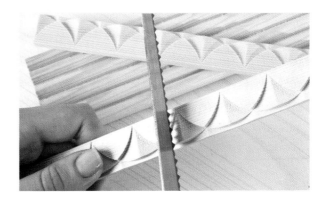

2 Entsprechend viele Leisten mit einer Säge auf 180 mm Breite zusägen. Eine Stichsäge ist nicht empfehlenswert, weil es mit ihr schwerer fällt, kleine Holzstücke gerade zu sägen.

3 Die Form der beiden Dachflächen von Seite 116 auf die 10-mm-Sperrholzplatte übertragen. Die Länge (hier 140 und 150 mm) entsprechend dem ermittelten Wert anpassen.

4 Ein 110 mm langes Stück aus einer 10 x 10 mm starken Holzleiste zusägen.

5 Die beiden Dachflächen miteinander verleimen.

6 Die Holzleiste mittig in das Dach leimen.

7 Die vier Schnitzleisten für den Giebel entsprechend zusägen.

8 Das Dach und alle Schnitz-

leisten zweimal mit wetterfester Lasur streichen.

9 Die Schnitzleisten auf das Dach und an den Giebel leimen.

Futterhaus-Chalet

Diese Konstruktion als Futterstelle ist denkbar einfach aufgebaut: Sie besteht lediglich aus einer Grundplatte mit vier Säulen, auf der dann dasselbe Dach aufgesetzt wird, wie beim Vogelhaus-Chalet. Für eine stimmige

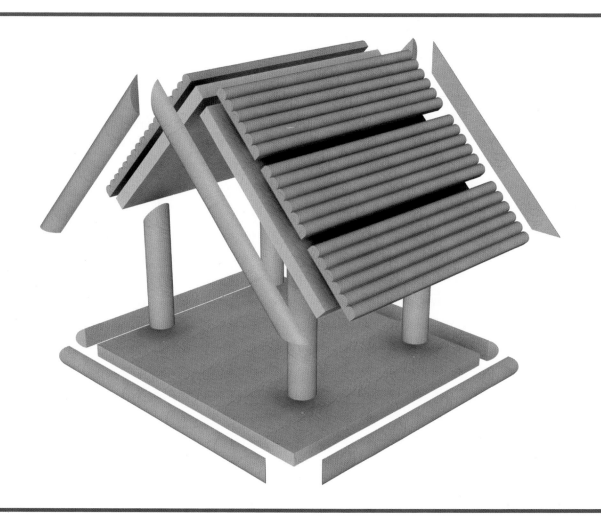

Optik sollte die Umrandung der Bodenplatte aus den gleichen Schnitzleisten gefertigt werden, die man für den Giebel einsetzt. Die Umrandung verhindert, dass auf die Platte gestreutes Futter heruntergeweht werden kann.

1 Die Form der Bodenplatte von Seite 116 und die Positionen der Säulen mit Bleistift und Lineal auf eine 10 mm starke Sperrholzplatte übertragen.

2 Die Platte mit einer Stichsäge aussägen.

3 Die Säulen werden mit der Bodenplatte verschraubt. Die Löcher, durch die verschraubt wird (siehe Maßzeichnung) mit einem 3-mm-Holzbohrer bohren.

4 Die vier 10 cm langen Säulen aus dem Rundholz sägen. Oben werden sie in einem Winkel von 45° schräg abgesägt.

5 Zum Verschrauben werden die Säulen auf der geraden Seite mittig mit dem 3-mm-Holzbohrer vorgebohrt.

6 Die Säulen unten mit Leim bestreichen und dann mit der Bodenplatte verleimen.

7 Die Konstruktion zweimal mit wetterfester Lasur streichen.

8 Aus der Schnitzleiste, die für den Giebel eingesetzt wird, vier Stücke für die Umrandung auf 45° Gehrung sägen: je zweimal 20 cm und 22 cm lang.

9 Die Schritte 1 bis 9 von Seite 65 und 66 des Dachbaus ausführen.

10 Das Dach auf den Pfosten verleimen.

Tipp: Um die Stabilität zu erhöhen, kann auch das Dach mit den Pfosten verschraubt werden, bevor man die Schnitzleisten aufleimt (Dachbau Schritt 8). Dazu das Dach provisorisch auf die Säulen setzen und die Position der Pfosten anzeichnen. Mittig in die Positionen je ein 3 mm großes Loch bohren. Die Säulen vorbohren und dann Dach und Säulen miteinander verschrauben.

Strandhaus

Schwierigkeitsgrad	☀ ☀
Materialaufwand	☀ ☀
Bemalung	☀

Das hübsche Strandhaus bietet kleineren wie größeren Vögeln ein attraktives Zuhause: Es beherbergt gleich zwei unterschiedlich geräumige Nistplätze und obendrein eine Futterstelle.

Das Strandhaus besitzt zwei Etagen, die durch einen nicht sichtbaren Boden in der Mitte voneinander getrennt sind. In der Gaube oben befindet sich ein enges Einflugloch für kleine Vögel, unten ein breiteres für größere gefiederte Freunde. Und auch das Platzangebot innen ist den Ansprüchen der Tiere entsprechend unterschiedlich geräumig. Auf der Fläche unterhalb des Dachüberstandes oder unten auf der „umzäunten" Fläche kann den gefiederten Freunden zudem im Winter Futter angeboten werden.

Um den oberen Nistplatz reinigen zu können, ist das Dach abnehmbar. Es wird also nicht fest mit dem Häuschen verleimt, genauso wenig wie die gesamte Dachetage. Der Zwischenboden wird unsichtbar von vier Holzleisten zwischen den geraden Wänden in Position gehalten. Wenn man die gesamte obere Etage abnimmt, kann man also auch den unteren Nistplatz reinigen.

Handwerkliches Geschick ist vor allem bei der Fertigung der Gaube und des kleinen Zauns erforderlich. Die Bauteile sind relativ klein und filigran, was das Bearbeiten etwas erschwert.

Das Strandhaus wirkt am besten, wenn es frei aufgestellt wird. Das Modell ist aber so konstruiert, dass man es auch gut an eine Wand hängen kann. Dazu ist lediglich erforderlich, in die Rückwand ein Loch zum Aufhängen zu bohren.

1 Das Strandhaus wird aus 10 mm starkem Sperrholz gefertigt. Die Formen aller benötigten Boden-, Wand- und Dachflächen inklusive der Positionsmarken von Seite 117 mit Bleistift und langem Lineal auf die Holzplatte übertragen.

2 Die benötigten Bauteile aussägen.

3 Alle Flächen und Kanten schleifen.

4 Zunächst wird der untere Nistkasten gebaut. Dazu in die Frontseite ein 30 mm großes Einflugloch bohren.

5 Die Seitenwände mit der Front- und der Rückseite verleimen.

6 Den Quader nach hinten und zu den Seiten bündig auf die Bodenplatte stellen und von innen die Wandpositionen auf beiden Platten anzeichnen.

7 Die benötigten Leistenstücke aus der 10 x 10 mm starken Holzleiste zusägen.

Leistenlängen

10 x 10 mm:
4 x 12,5 cm
4 x 16 cm
4 x 4 cm

8 Je zwei 12,5 und zwei 16 cm Holzleisten an den angezeichneten Positionen auf dem Boden und dem Zwischenboden leimen. Die Holzleisten sorgen später dafür, dass die zum Reinigen abnehmbaren Teile sicher an ihrem Platz sitzen.

9 Den 6 cm hohen Schornstein aus einer 22 x 18 mm starken Holzleiste aussägen. Er muss unten um 45° abgeschrägt sein.

10 Den Quader, die Böden, die beiden Giebelseiten und den Schornstein grundieren.

11 Die grundierten Flächen noch einmal anschleifen.

12 Den Quader, die Böden, die beiden Giebelseiten und den Schornstein in einer hellen Farbe lackieren (hier Weiß).

13 Die Wände mit der Bodenplatte verleimen.

14 Auf dem Zwischenboden die beiden Giebelseiten aufleimen.

15 Die beiden Dachflächen so miteinander verleimen, dass das Dach unter der später aufgesetzten Gaube eine Aussparung erhält.

16 In die Front der Gaube ein 23 mm großes Einflugloch bohren.

17 Die Wände der Gaube miteinander verleimen.

18 Die Dachflächen der Gaube verleimen.

19 Damit das Dach in Position bleibt, sollten innen Hölzchen in

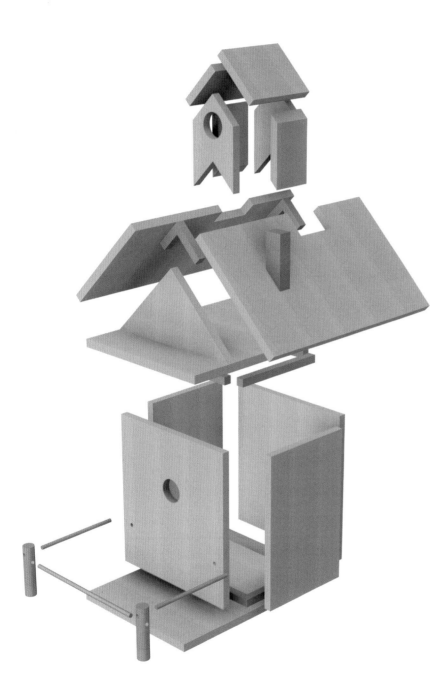

Werkzeug

Stichsäge
Akkuschrauber
Holzbohrer, 3 mm Ø
Kreisbohrer, 23 und 30 mm Ø
Schraubendreher oder Bit

Bleistift
Zollstock
Schleifpapier

Material

10-mm-Sperrholzplatte
ca. 70 x 80 cm
1,2 m Holzleiste 10 x 10 mm
15 cm Rundholzleiste, 15 mm Ø
40 cm Rundholzleiste, 5 mm Ø
6 cm Holzleiste 22 x 18 mm
2 Schrauben, 30 mm lang

wasserfester Leim
Grundierung für Acryllack
bunter Acryllack

Deko-Tipp

Um eine natürlichere Dachwirkung zu erzielen, kann man dünne Streifen aufmalen, die Pfannenreihen nachbilden. Dazu wird die rote Farbe mit etwas weißer Farbe aufgehellt und mit einem feinen Pinsel streifenförmig auf das Dach aufgetragen.

das Dach geleimt werden. Dazu dienen die 4 cm langen Holzleistenstücke. Um die genaue Position zu ermitteln, das Dach provisorisch aufsetzen.

An der Unterseite des Daches anzeichnen, wo die Giebelseite der Front beginnt. Die vier kleinen Holzstücke je mit 10 mm Abstand zur Rückseite und zur angezeichneten Position auf beiden Dachflächen anleimen.

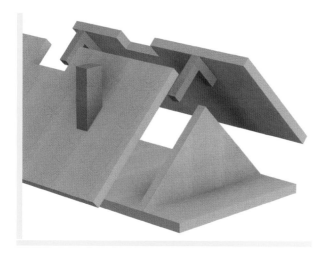

20 Dach, Gaube und Gaubendach grundieren. Nach dem Trocknen die grundierten Flächen noch einmal anschleifen.

21 Die beiden Dächer in einer weiteren Farbe lackieren (hier Rot), die Gaube selbst in einer dritten Farbe (hier Blau).

22 Das Dach der Gaube auf diese aufleimen.

23 Die Gaube über die Aussparung im Dach setzen und dort verleimen.

24 Den Schornstein auf dem Dach mit Leim befestigen.

25 Das komplette Dach auf den unteren Nistkasten aufsetzen.

26 Die beiden 65 mm langen Pfosten aus einem 15 mm starken Rundholz aussägen.

27 Den Maßangaben auf Seite 117 entsprechend in die Pfosten Löcher für die Durchführung der Begrenzungsstangen bohren.

28 2 x 10 cm und 1 x 17 cm lange Stücke aus einem 5 mm dünnen Rundholz sägen.

29 Pfosten und Rundhölzer anschleifen und farbig grundieren.

30 Pfosten und Rundhölzer nach dem Trocknen farbig lackieren.

31 Das Geländer zusammenbauen und alle Teile miteinander verleimen.

32 An den Pfostenpositionen mittig 3 mm große Löcher in den Boden bohren.

33 An der Frontseite die Haltepositionen anbohren.

34 Die Pfosten von unten verschrauben und an der Front verleimen.

Naturhaus

Schwierigkeitsgrad	☀
Materialaufwand	☀
Bemalung	☀

Ein Vogelhäuschen, das geradewegs dem Wald entsprungen zu sein scheint – so präsentiert sich das Naturhaus, das besonders gut in naturnah gestaltete Gärten passt.

Die Grundlage bildet im wahrsten Sinne des Wortes eine Baumscheibe. Sie sollte gut 30 cm breit und 3 cm hoch sein. Wer in der Nähe eines Sägewerks wohnt, kann sie sich dort zuschneiden lassen. In städtischen Regionen kann man einen Landschaftsgärtner, der Baumschnitt anbietet, ansprechen.

Das Häuschen selbst ist sehr einfach zu bauen. Als Material bietet sich eine 2 cm starke Leimholzplatte an. Die deutlich sichtbare Holzmaserung unterstreicht den natürlichen Eindruck. Das Dach ist abnehmbar, sodass man das Vogelhäuschen einfach reinigen kann.

Bei „grünen" Dächern greift man traditionell zu Moos. Viele Moosarten gelten allerdings als bedroht oder stehen sogar auf der Roten Liste. Deshalb wird hier darauf verzichtet. Als Alternative empfiehlt sich ein Stück aus einer Matte zur Dachbegrünung. Man erhält es bei Unternehmen, die auf Dachbegrünung spezialisiert sind.

Besonders gut kommt das Naturhaus zur Geltung, wenn es an einem Baumstamm aufgehängt wird. Man kann es aber auch gut aufstellen. Zum Aufstellen benutzt man dann einen breiten, weitestgehend geraden, stabilen Ast – er passt besser zur Optik als eine gehobelte Latte.

Werkzeug

Stichsäge
Akkuschrauber
Kreisbohrer, 30 mm Ø
Holzbohrer, 3 und 8 mm Ø
Schraubendreher oder Bit
Tacker

Allzweckschere
Bleistift
Zollstock
Schleifpapier

Material

20-mm-Leimholzplatte
ca. 60 x 50 cm
1 Baumscheibe
1 Stück Dachbegrünungs-
matte ca. 20 x 35 cm
15 cm Holzleiste 10 x 10 mm
4 Schrauben, 6 cm lang

wasserfester Leim
Wetterschutzlasur

Dach-Variante

*Alternativ zum Grün-
dach bietet sich eine
zweite Baumscheibe als
Dach an. Das eigent-
liche Vogelhäuschen
besteht dann nur aus
25 cm hohen Wänden.
Die Breiten gleichen
denen der vorgestellten
Variante mit Gründach.*

1 Die Maße der Dachflächen, der Front- und Rückseite sowie der Seitenteile von Seite 118 mit Bleistift und Lineal auf die Leimholzplatte übertragen und mit einer Stichsäge aussägen.

2 Damit das Dach später nicht verrutschen kann, wird es von einer 14 cm langen Holzleiste (10 x 10 mm) zwischen Front- und Rückseite gehalten. Die Leiste passend zusägen.

3 Das Einflugloch mit einem 30-mm-Kreisbohrer fertigen. In die Rückwand mit einem 8-mm-Bohrer das Loch zum Aufhängen bohren.

4 Alle Holzteile mit feinem Schleifpapier abschleifen und mit Wetterschutzlasur streichen.

5 Die Wände des Häuschens sowie die beiden Dachflächen miteinander verleimen.

6 Die Holzleiste von innen in den Winkel des Dachs so verleimen, dass sie zur Rückseite 2 cm Abstand aufweist.

7 Wenn das Naturhaus später aufgehängt werden soll, sollte die Baumscheibe an der Rückseite gerade abgesägt werden. Der Schnitt sollte so erfolgen, dass links und rechts vom Häuschen ca. 5 cm Platz verbleiben. Das richtige Maß ermittelt man am einfachsten, indem man das Häuschen provisorisch auf die Baumscheibe stellt.

8 Die Baumscheibe wird fest mit dem Häuschen verschraubt. Das Naturhaus auf die Baumscheibe stellen und die Umrisse der Wände mit einem Bleistift anzeichnen.

9 Es reicht aus, die Baumscheibe mit vier Schrauben von unten mit den Seitenwänden zu verbinden. Dazu vier Befestigungspositionen auf der Baumscheibe festlegen.

10 Mit einem 3-mm-Holzbohrer die Scheibe an diesen Stellen durchbohren.

11 Das Häuschen auf die Baumscheibe aufsetzen und von unten durch die vorgebohrten Löcher verschrauben.

12 Die Dachmatte mit einer Allzweckschere passend zuschneiden.

13 Die zugeschnitte Dachmatte entweder auf dem Dach festtackern oder mit kleinen Nägeln aufnageln.

Hutzelhaus

Schwierigkeitsgrad	☀
Materialaufwand	☀
Bemalung	☀ ☀

Der Architekt des Hutzelhäuschens scheint ein Hobbit aus der fröhlich-friedlichen Mittelerde zu sein: Das Hutzelhaus setzt so einen märchenhaft witzigen Akzent im heimischen Garten.

Die Grundkonstruktion dieses Vogelhäuschens ist – auch wenn es gar nicht danach aussieht – ganz einfach, und es ist deshalb auch nicht schwer nachzubauen. Es handelt sich nur um ein einfaches Grundhaus mit breiteren Front- und Rückseiten sowie überstehenden Dachflächen, die eine individuelle Form aufweisen. Das Dach ist zwar schräg, aber in einem 90°-Winkel aufgesetzt, sodass man nichts auf Gehrung sägen muss.

Seinen ureigenen Reiz bezieht das Hutzelhaus aus den organischen Formen, in denen die Front- und Rückseite sowie die Dachflächen gestaltet sind. Diese kann man nach eigener Lust und Laune entwickeln und so dem Haus eine sehr individuelle Note verleihen. Wichtig ist nur, dass die Flächen das eigentliche Haus überdecken, also über die Seitenwände und die Bodenplatte hinaus ragen.

Die Bauanleitung zeigt, wie man das massive Haus aus 20 mm starkem Leimholz aus Stabilitätsgründen verdübelt. Es reicht aber auch aus, die Bauteile sorgfältig miteinander zu verleimen oder zu vernageln.

Zum Aufstellen bietet es sich an, einen großen, oben gerade abgesägten Spatenstiel zu verwenden, der eine leicht geschwungene Form aufweist. Das passt wesentlich besser zur Optik des Hauses als eine gerade gehobelte Latte.

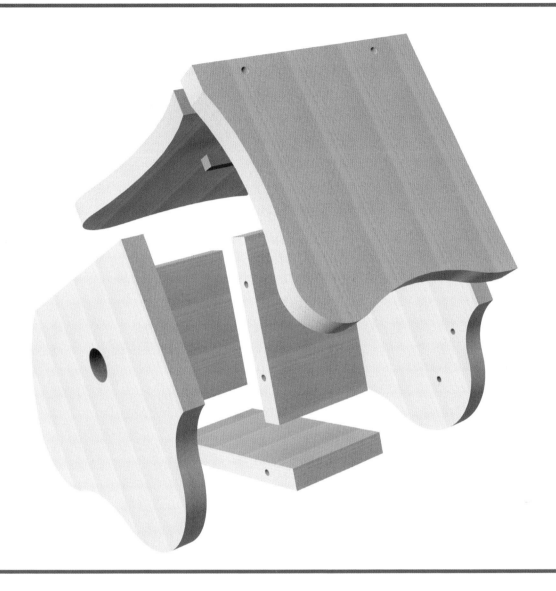

Stichsäge
Akkuschrauber
Kreisbohrer, 30 mm Ø
Holzbohrer, 8 mm Ø
Laubsäge

Bleistift
Zollstock
Schleifpapier

20-mm-Leimholzplatte
ca. 80 x 60 cm
5-mm-Sperrholzplatte
ca. 30 x 20 cm
10 cm Holzleiste 10 x 10 mm
12 Holzdübel

wasserfester Leim
Grundierung für Acryllack
bunter Acryllack

*Das Häuschen lässt
sich nicht nur mit auf-
gesetzten Türen und
Fenstern verzieren. Wer
mag, leimt zusätzlich
auch Blumen, Herzen
oder eine Sonne auf,
die übrigens auch die
Dachflächen dekorieren
können.*

Hausbau

1 Die Formen von Boden-, Wand- und Dachflächen inklusive der Positionsmarken von Seite 118/119 mit Bleistift und langem Lineal auf eine eine 20-mm-Leimholzplatte übertragen.

2 Die Bauteile mit einer Stichsäge aussägen.

Tipp: Die organischen Formen der Dachflächen sowie Front- und Rückseite können aus 20 x 20 cm und 25 x 20 cm sowie zweimal 25 x 30 cm großen Platten individuell gestaltet und ausgesägt werden. Wichtig ist dabei nur, die auf den Maßzeichnungen ersichtlichen geraden Seiten in der Größe einzuhalten.

3 In die Frontseite mit dem Kreisbohrer ein 30 mm großes Einflugloch bohren.

4 Alle Bauteile mit Schleifpapier schleifen.

5 Die beiden Dachflächen aneinanderhalten und überprüfen, ob die Übergänge „fließend" sind. Eventuell die Ecken nacharbeiten.

6 Alle Bauteile grundieren und dann trocknen lassen.

7 Die Bauteile in unterschiedlichen Farben lackieren. Empfehlenswert sind leuchtende, klare Farben.

8 Um größtmögliche Stabilität zu erreichen, werden die Bauteile miteinander verdübelt. Dazu zunächst an den entsprechenden Positionen in den Maßzeichnungen ca. 10 mm tiefe Dübellöcher erstellen.

9 Die Dübel einstecken und die Bauteile miteinander verleimen.

10 Die verleimte Konstruktion auf die Innenseite der Front auflegen und die Umrisse von innen anzeichnen.

11 Noch einmal überprüfen, ob die Bohrpositionen für die Verbin-

dungen von Seitenwänden und Bodenplatte mit denen in Front- und Rückseite übereinstimmen. Die Dübellöcher dann gut 10 mm tief bohren.

12 Die Dübel einstecken und die Wand-Boden-Konstruktion mit der Front- und der Rückseite verleimen.

13 Das Dach bleibt abnehmbar und wird von einem 10 cm langen, 10 x 10 mm starken Holzleiste in Position gehalten. Das Stück zusägen.

14 Die Dübelbohrungen zum Verbinden der Dachflächen ausführen.

15 Die Dübel einsetzen und die beiden Dachflächen miteinander verleimen.

16 Die Holzleiste in die Innenseite der Dachfläche einsetzen. Sie muss sich in einem Abstand von 2 cm zur Rückseite befinden. Dann das Dach auf die Front- und Rückseite aufsetzen

Verzierungen

Fenster, Türen und andere Verzierungen des Hutzelhäuschens fertigt man aus 5-mm-Sperrholzplatten. Dabei sind der Fantasie keine Grenzen gesetzt. Vorteilhaft ist jedoch, wenn die Bauteile ähnliche organische Formen aufweisen wie das Häuschen.

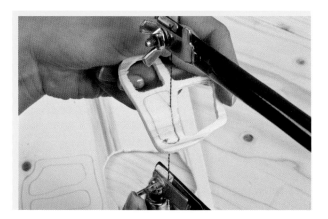

1 Auf die Sperrholzplatte 7 x 7 cm große Flächen für die Fenster und eine 5 x 8 cm große Fläche für die Tür aufzeichnen. In diese Flächen maximal 1 cm breite, geschwungene Formen für Rahmen und Kreuze von Fenstern und Tür einzeichnen.

2 Die Formen mit einer Laubsäge aussägen.

3 Um innen sägen zu können, ein 3 mm großes Loch bohren. Dann die Laubsäge einspannen und sägen.

4 Die fertigen Teile farbig lackieren und auf das Hutzelhäuschen aufleimen.

Romantikvilla

Schwierigkeitsgrad	☀ ☀
Materialaufwand	☀ ☀
Bemalung	☀ ☀

Mit aufwendig verzierten Dachflächen, einer hübschen Giebelleiste und einem ungewöhnlichen Zaun zieht die Romantikvilla unwillkürlich alle Blicke auf sich.

Dabei muss man kein geübter Drechsler sein, um die Romantikvilla mit dieser auffälligen Dekoration zu schmücken. Dachpfannen, Giebelleiste und Zaun bestehen nämlich aus handelsüblichen Schnitzleisten, die man im gut sortierten Holz- oder Baumarkt erhält. Einziger Wermutstropfen: Die Leisten sind nicht gerade preiswert.

Die Schnitzleisten, die das Dach bedecken, sind auf einer unsichtbaren 10 mm starkem Sperrholzplatte verleimt, die Giebelleiste und der Zaun hingegen direkt vor die Dachflächen und die Bodenplatte geleimt.

Selbstverständlich kann man auch ganz andere Schnitzleisten zur Verzierung einsetzen. Dann besteht lediglich die kleine Herausforderung, die Dachflächen auf die Breite der ausgesuchten Schnitzleisten hin anzupassen.

Die Optik steht und fällt zudem mit einer liebevollen Bemalung. Das betrifft vor allem die Fenster und Türen, die aus 5 mm dünnem Sperrholz angefertigt und auf Front- und Rückseite geleimt werden.

Die Romantikvilla sorgt in vielen Gartentypen für ein fröhliches optisches Highlight: Sie passt genauso gut in einen romantischen Garten wie in einen bunten Familiengarten.

1 Die Romantikvilla wird aus 10 mm starkem Sperrholz gefertigt. Die Formen aller benötigten Boden- und Wandflächen inklusive der Positionsmarken von Seite 120 mit Bleistift und langem Lineal auf die Sperrholzplatte übertragen.

2 Als Erstes wird das Haus ohne Dachflächen gebaut. Dazu die vier Seitenwände sowie Front- und Rückseite aussägen.

3 Alle Flächen und Kanten schleifen.

4 In die Frontseite ein 30 mm großes Einflugloch bohren.

5 Zunächst die innen liegenden Seitenwände, von denen später nur der obere Teil sichtbar ist, mit der Frontseite verleimen.

6 Dann die unteren, äußeren Seitenwände mit der Frontseite verleimen.

7 Die Rückseite auf die Wände aufsetzen und verleimen.

8 Das ganze Haus ist zum Reinigen von der Bodenplatte abnehmbar. Dazu ist es erforderlich, Holzleisten auf der Bodenplatte zu verleimen, die das Haus sicher in Position halten. Dazu zunächst den Rohbau des Vogelhäuschens mittig auf die Bodenplatte stellen. Von innen die Positionen der Wände anzeichnen.

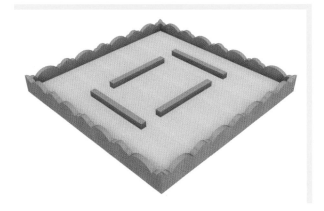

9 Aus einer 10 x 10 mm dicken Holzleiste vier 12 cm lange Stücke sägen.

10 Die Holzleisten an den eingezeichneten Positionen für die äußeren Seitenwände und mittig zu Front- und Rückseite auf die Bodenplatte leimen, sodass die Konstruktion verrutschsicher auf der Bodenplatte stehen kann.

11 Die Wandkonstruktion und die Bodenplatte grundieren. Nach dem Trocknen die grundierten Flächen noch einmal anschleifen.

12 Die Wandkonstruktion in einer Farbe lackieren, die Bodenplatte in einer anderen.

13 Die genaue Länge des Dachs richtet sich nach der Breite der zur Abdeckung verwendeten Schnitzleisten. Die Hauptdachflächen dieser Romantikvilla sind 18 cm breit und 12 bzw. 13 cm lang, die der beiden Abdächer 7,5 cm lang. Es empfiehlt sich, eine ähnlich große Fläche zu fertigen, damit die Proportionen des Hauses und der Dächer zueinander-

Werkzeug

Stichsäge
Akkuschrauber
Kreisbohrer, 30 mm Ø
Laubsäge
Hand- oder Puksäge

Bleistift
Zollstock
Schleifpapier

Material

10-mm-Sperrholzplatte
ca. 100 x 80 cm
5-mm-Sperrholzplatte
ca. 25 x 25 cm
ca. 2 m Schnitzleisten (Dach)
ca. 1 m Schnitzleiste (Giebel)
ca. 1,25 m Schnitzleiste (Zaun)
70 cm Holzleiste 10 x 10 mm
18 cm L-Leiste (10 x 10 mm)
wasserfester Leim
Grundierung für Acryllack
bunter Acryllack

Deko-Tipp

Den romantischen Eindruck kann man vestärken, indem man bei der Bemalung sehr detailgetreu arbeitet und beispielsweise die Fenster mit Gardienen verziert. Für die Gestaltung bieten sich vor allem Pastelltöne an.

passen. Zunächst wird die Breite der Leisten ermittelt. Dann berechnet man, wie viele Leisten benötigt werden, um zwei Dachlängen von ca. 12 und 13 cm Länge und zwei von ca.7,5 cm Länge zu erreichen. Das Hauptdach oben wird zudem von einer L-Leiste abgeschlossen.

14 Entsprechend viele Leisten auf 18 cm Breite zusägen.

15 Für die Giebel aus einer anderen Schnitzleiste vier ca. 16 cm lange und vier ca. 9 cm lange Stücke zusägen.

16 Die Form der vier Dachflächen von Seite 120 auf die 10-mm-Sperrholzplatte übertragen. Die Längen entsprechend dem ermittelten Wert anpassen. Die Schnitzleisten können dabei leicht überstehen.

17 Die beiden Hauptdachflächen miteinander verleimen.

18 Die Schnitz- und die L-Leiste auf die Dachflächen leimen.

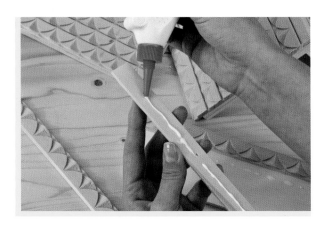

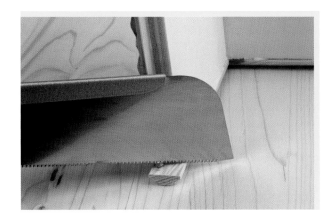

19 Die Giebelleisten aufleimen und überstehende Kanten entsprechend den Dachformen mit einer Handsäge absägen.

20 Als Gartenzaun vier Stücke aus einer breiten Schnitzleiste zusägen.

Leistenlängen
2 x 30,5 cm
2 x 31,5 cm

21 Dachflächen und Zaun grundieren.

22 Dachflächen und Zaun lackieren.

23 Fenster und Türen werden aus 5 mm dünnen Sperrholzplatten gefertigt. Die Rechtecke mit der Laubsäge aussägen.

Fenster & Türen
je 4 x:
3 x 5 cm
4 x 4 cm
je 2 x:
4,5 x 6,5 cm

24 Die Flächen anschleifen und grundieren.

25 Die Flächen bemalen.

26 Dachflächen, Fenster, Türen, und Zaun aufleimen und das Haus auf die Bodenplatte stellen.

Villa Kunterbunt

Schwierigkeitsgrad ☀

Materialaufwand ☀

Bemalung ☀ ☀

Ein Vogelhäuschen so bunt und vielfältig wie ein blühender Garten, in leuchtenden Farben, fröhlich und individuell: So sorgt die Villa Kunterbunt selbst an tristen Wintertagen für gute Laune.

Dieses Vogelhäuschen kombiniert einen Nistkasten mit einer offenen Futterstelle. Die beiden Funktionen trennt ein unsichtbarer Zwischenboden. Bei der vorgeschlagenen Größe bietet das Häuschen kleinen und größeren Vögeln gleichermaßen ein ideales Zuhause.

Bei der Formgebung der Seitenwände und des Dachüberstandes ist man an keine feste Form gebunden. Man kann die Bauteile nach Lust und Laune zusägen. Wichtig ist nur, dass die Wände oben und unten gleich breit sind.

Die Villa Kunterbunt lebt von ihrer bunten Bemalung. Hier kann man seiner Fantasie und seinen Vorlieben freien Lauf lassen. Besonders wirkungsvoll sind klare, kräftige Farben.

Das Dach des Vogelhäuschens ist nur aufgesetzt und kann zum Reinigen des Nistkastens abgenommen werden. Eine Holzleiste hält es in Position.

Das Vogelhäuschen kommt besonders gut zur Geltung, wenn es frei in einem bunt bepflanzten Beet aufgestellt wird. Als Ständer benutzt man am besten einen oben gerade abgesägten, leicht geschwungenen Spatenstiel.

Stichsäge
Akkuschrauber
Holzbohrer, 3 mm Ø
Kreisbohrer, 30 mm Ø
Hand- oder Puksäge
Cuttermesser
Schraubendreher oder Bit

Bleistift
Zollstock
Schleifpapier

Material

10-mm-Sperrholzplatte
ca. 80 x 60 cm
20-mm-Leimholzplatte
ca. 40 x 25 cm
1 m Holzleiste 10 x 10 mm
25 cm L-Leiste 20 x 20 mm
Spatenstiel

1 Schraube, 45 mm lang
4 Schrauben, 35 mm lang

wasserfester Leim
Grundierung für Acryllack
bunter Acryllack

1 Die Grundformen der Bauteile (mit Ausnahme der Bodenplatte) sowie die Positionsmarken von Seite 121 mit Bleistift und langem Lineal auf eine 10-mm-Sperrholzplatte übertragen. Die Form der Bodenplatte auf 20-mm-Leimholzplatte aufzeichnen.

2 Die individuelle Form der Dachüberstände, der beiden frei gestaltbaren Wände sowie der Öffnungen für die Futterstelle einzeichnen. Dabei darauf achten, dass Bogen – von der Rechteckform ausgehend – maximal 3 cm nach innen laufen. Sonst wird das eigentliche Häuschen nicht mehr von Front- und Rückseite beziehungsweise von den Dachflächen komplett abgedeckt.

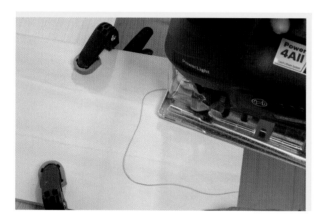

3 Die einzelnen Formteile mit einer Stichsäge aussägen.

4 In die Frontseite ein 30 mm großes Einflugloch bohren.

5 Die Holzleiste auf die benötigten Längen mit einer Hand- oder Puksäge einkürzen.

6 Alle Bauteile mit feinem Schleifpapier schleifen.

Tipp: Das Schleifen der frei zugesägten organischen Formen erleichtert ein sogenannter Lamellenschleifer. Dabei handelt es sich um einen runden Schleifaufsatz, der in einen Akkuschrauber oder in eine Bohrmaschine eingesetzt wird.

7 Die Holzleisten erfüllen einen doppelten Zweck: Zum einen verstärken sie die Konstruktion, zum anderen benötigt man sie, um den Zwischenboden befestigen zu können. Die sechs 10 cm langen Leistenstücke an den in den Maßzeichnungen angegebenen Positionen auf der Front- und der Rückwand verleimen.

8 Das Dach ist zum Reinigen abnehmbar. Es wird von der 16 cm langen Holzleiste in Position gehalten. Die Dachflächen zusammen mit der mittig eingesetzten Holzleiste verleimen.

9 Der First wird von einer L-Leiste vor eindringender Feuch-

tigkeit geschützt. Ein ca. 25 cm langes Stück zusägen.

10 Damit die L-Leiste zum Look der Villa Kunterbunt passt, die Seiten mit einem Cuttermesser wellenförmig bearbeiten.

11 Alle Bauteile grundieren und dann erneut anschleifen.

12 Alle Bauteile in bunten Farben lackieren.

Tipp: Für die hier gezeigte wellenförmige Bemalung wird die Wand zunächst in einer Grundfarbe (hier Grün) lackiert. Bevor die Farbe ganz getrocknet ist, trägt man mit einer zweiten Farbe (hier Gelb) die Wellenlinien auf.

13 Die Front- und die Rückwand mit einer Seitenwand verleimen.

14 In die Konstruktion den Zwischenboden einleimen. Direkt anschließend die zweite Seitenwand verleimen.

15 Die L-Leiste auf dem Dach verleimen und das fertige Dach auf das Häuschen setzen.

16 Das verleimte Häuschen mittig auf die Bodenplatte stellen. Die Positionen, an denen die Villa Kunterbunt auf der Platte steht, mit einem Bleistift markieren.

17 Die Flächen, auf denen die Wände auf der Bodenplatte stehen, mit Leim einstreichen, ebenso die Unterseiten der Wände. Dann die Wände auf die Bodenplatte aufdrücken.

Passender Ständer

Als Ständer empfiehlt sich ein oben abgesägter Spatenstiel. Um ihn mit der Bodenplatte verbinden zu können, sägt man eine 10 x 10 cm große Halteplatte aus 2 cm starker Leimholzplatte zu. Den Stiel oben gerade absägen. In die Halteplatte mittig ein 3 mm großes Loch bohren. Den Stiel oben mit dem 3-mm-Bohrer vorbohren. Erst Stiel und Halteplatte und dann die Halte- mit der Bodenplatte verschrauben.

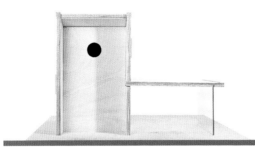

Designervilla

Schwierigkeitsgrad	☀ ☀
Materialaufwand	☀ ☀
Bemalung	☀

Moderne Architektur kann sich auch in einem Vogelhäuschen spiegeln, wie die Designervilla aus edlem Multiplexholz, Glas und Aluminium eindrucksvoll unter Beweis stellt.

Ein besonderes Highlight stellt die von einer Glasscheibe geschützte Futterstelle dar. Verwendet wird eine einfache Scheibe aus einem preiswerten 10 x 15 cm großen Bilderrahmen.

Die Dachbreite des Futterplatzes ist exakt auf das Maß der Glasscheibe abgestimmt. Beim Nachbau empfiehlt es sich, die zur Verfügung stehende Glasscheibe nachzumessen und eventuell die Dachbreite und die des Schlitzes in der Seitenwand auf die Maße der Scheibe abzustimmen.

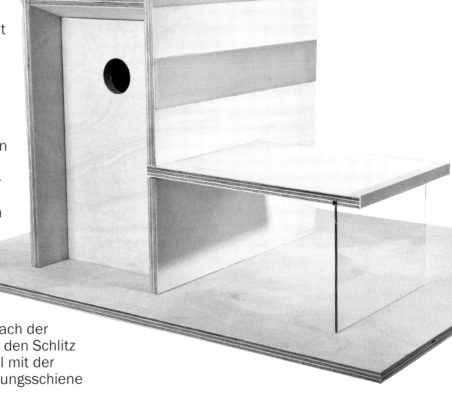

Die Scheibe wird im Dach durch einen Schlitz in Position gehalten. Am einfachsten lässt er sich mit einer Tischkreissäge erstellen, bei der das Blatt nur 3 mm ausgefahren ist. Man kann aber den Schlitz auch mit einem schmalen Speitel ausnehmen.

Der Schlitz in der Seitenwand entsteht mithilfe einer Stichsäge. Seine Breite richtet sich nach der Holzstärke – hier sind es 10 mm. Um den Schlitz sägen zu können, muss man zweimal mit der Stichsäge parallel entlang einer Führungsschiene sägen.

Die Designervilla macht vor allem in modernen Gärten eine sehr gute Figur.

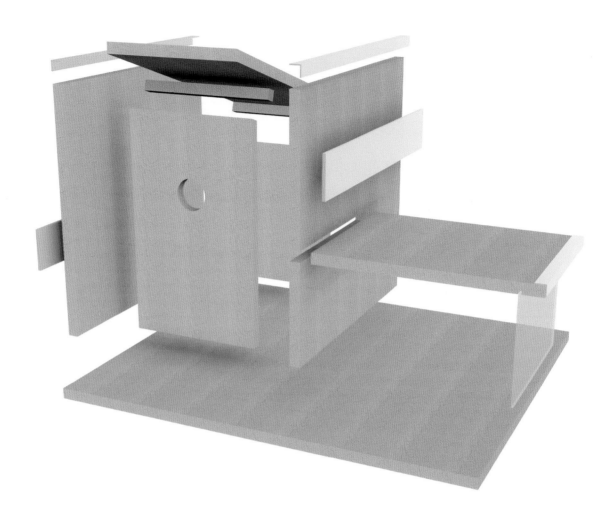

Werkzeug

Stichsäge
Akkuschrauber
Kreisbohrer, 30 mm Ø
Hand- oder Puksäge
Metallsäge
Feile
Tischkreissäge oder
kleiner Speitel

Bleistift
Zollstock
Schleifpapier

Material

10-mm-Multiplexplatte
ca. 90 x 50 cm
25 cm Holzleiste 10 x 10 mm
1 Glasscheibe 10 x 15 cm
ca. 70 cm L-Aluminiumleiste
10 x 10 mm
ca. 50 cm Aluminiumleiste
50 mm

wasserfester Leim
Sekundenkleber
Allzweckkleber

Schutz-Tipp

Multiplex verzieht
sich nicht so schnell
wie Sperrholz und ist
widerstandsfähiger. Um
die Villa gegen Wind
und Wetter besser zu
schützen, kann sie mit
Klarlack lackiert wer-
den. Zuvor alle Holzteile
schleifen und den Klar-
lack zweimal auftragen.

1 Die Designervilla wird aus einer 10-mm-Multiplexplatte gefertigt. Die Formen aller benötigten Boden- und Wandflächen inklusive der Maße für die Schlitze in Seitenwand und Flachdach von Seite 120 mit Bleistift und langem Lineal auf die Holzplatte übertragen.

2 Die Bodenplatte, das Flachdach und die Seitenwände entlang einer Führungsschiene aussägen.

3 Das Hauptdach hat eine Neigung von 17°. Die Front - und die Rückseite jeweils oben mit einem entsprechenden Gehrungsschnitt zusägen. Das Dach wird auf beiden kurzen Seiten auf 17° Gehrung gesägt.

4 Eine Seitenwand erhält einen Schlitz zum Befestigen des Flachdachs über der Futterstelle. Dazu zweimal jeweils außen entlang des schmalen Rechtecks die Seitenwand einsägen und dann das Stück komplett aussägen.

5 Das Flachdach erhält einen 3 mm tiefen Schlitz zum Befestigen der Glasscheibe. Die Breite des Schlitzes richtet sich nach der Stärke der Glasscheibe. Wenn man die Scheibe eines Standardbilderrahmens verwendet, sind 3 mm Breite ausreichend. Am einfachsten stellt man den Schlitz mit einer Tischkreissäge her, bei der man das Sägeblatt auf 3 mm Höhe einstellt. Etwas aufwendiger ist es, den Schlitz mit einem schmalen Speitel herauszustemmen.

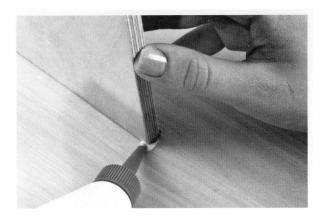

6 Das Flachdach in den Schlitz der Seitenwand schieben und beide Bauteile verleimen.

7 Die Glasplatte mit Allzweckkleber in den Schlitz des Flachdaches kleben.

8 Die Konstruktion lässt sich jetzt gerade aufstellen. Nun die Rückwand an die Konstruktion leimen.

9 In die Frontseite ein 30 mm großes Einflugfloch bohren.

10 Die Frontseite wird 4,5 cm nach innen versetzt angeleimt.

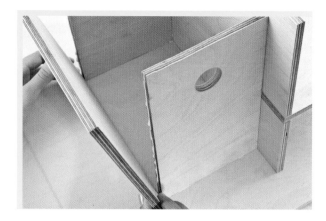

11 Jetzt die zweite Seitenwand anleimen.

12 Das abnehmbare Dach wird von zwei 12 cm langen, 10 x 10 mm starken Holzleisten in Position gehalten. Diese zurechtsägen und 1 cm nach innen versetzt auf die Dachunterseite leimen. Dann das Dach aufsetzen.

13 Die Designervilla auf die Bodenplatte stellen. Die Berührungspunkte der Wände und der Glasscheibe auf der Bodenplatte mit Bleistift markieren.

14 Die Wände des Vogelhäuschens mit der Bodenplatte an den angezeichneten Positionen verleimen. Die Glasscheibe mit Sekundenkleber auf dem Boden fixieren.

15 Zur Dekoration – aber auch zum Schutz der nach oben offenen Stirnseiten der Multiplexplatte – erhält die Designervilla Leisten aus Aluminium. Aus der L-Aluminiumleiste mit einer Metallsäge ein 15 cm langes und zwei 25 cm lange Stücke sägen.

16 Als „Fensterreihen" dienen zwei Stücke einer 5 cm breiten, flachen Aluminiumleiste. Aus dieser zwei 25 cm lange Stücke zusägen.

17 Die zugeschnittenen Aluminiumstücke an den Schnittkanten mit einer Feile entgraten.

18 Die beiden Flachprofile mit Allzweckkleber auf die Seitenwände kleben. Dazu Zwingen verwenden, damit die Profile während des Verklebens nicht verrutschen.

19 Die kurze L-Leiste auf der Kante des Flachdachs, die beiden längeren L-Stücke auf die beiden Seitenwände mit Allzweckkleber kleben.

Tipp: Die Aluminiumleisten verschmutzen und verkratzen sehr schnell. Wenn man versucht, die Oberfläche mit feinem Schleifpapier zu reinigen, entstehen nur noch mehr Kratzer. Besser ist, die Oberfläche mit Scheuermilch und einem Schwamm gründlich abzureiben.

Astscheibenhaus

Schwierigkeitsgrad	☀
Materialaufwand	☀
Bemalung	☀

Dieser Nistkasten bezieht seinen Namen von der vielen kleinen Astscheiben, die seine Frontseite zieren. Von vorn ist das Astscheibenhaus dabei kaum als Vogelwohnung erkennbar.

Die Scheiben sind aus 3 bis 8 cm breiten Ästen gesägt und zwischen 15 und 30 mm stark. Man kann auch Äste anderer Stärke verwenden, denn für den Bau des Vogelhäuschens ist es letztlich unerheblich, wie dick die Scheiben sind. Allerdings sollten die Aststücke nicht stärker als 35 mm sein, da man sie sonst nicht sicher auf der Frontplatte aus 10 mm starkem Sperrholz aufleimen kann.

Die Astscheiben werden zunächst auf der ca. 30 x 40 cm großen Sperrholzplatte ausgelegt und rund um das Einflugloch angeordnet. Nach dem Aufkleben der Astscheiben kann man die eckige Form der Platte beibehalten oder die Platte ringsum entsprechend dem Verlegebild der Astscheiben geschwungen zusägen.

Das Vogelhäuschen selbst besteht aus einem einfachen Kasten, den man aus einer 20 mm starken Leimholzplatte fertigt. Die Rückwand ist zum Reinigen abnehmbar und wird von vier Dübeln als Steckverbindung gehalten (siehe auch Seite 21). Die Frontseite hingegen ist fest mit dem Nistkasten verleimt.

Das Astscheibenhaus kommt besonders gut in naturnah gestalteten Gärten zur Geltung. Wenn man es im Umfeld eines Brennholzstapels platziert, passt es sich harmonisch ein. Attraktiv wirkt das Haus auch, wenn man es mit einem Aluminiumnagel an einem Baum befestigt.

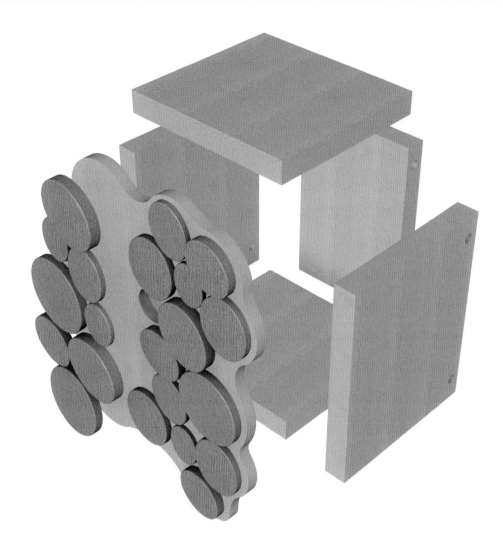

Werkzeug

Stichsäge
Akkuschrauber
Kreisbohrer, 30 mm Ø
Holzbohrer, 8 mm Ø

Bleistift
Zollstock
Schleifpapier

Material

20-mm-Leimholzplatte
ca. 45 x 50 cm
10-mm-Sperrholzplatte
ca. 40 x 30 cm
4 Holzdübel

wasserfester Leim
Wetterschutzlasur

Sicherheits-Tipp

Das Sägen der Astscheiben birgt ein höheres Verletzungsrisiko. Die Äste sollten beim Zusägen mit der Stichsäge nach Möglichkeit fest eingespannt und mit Zwingen an einer Sägeplatte sicher befestigt werden.

1 Zunächst überträgt man die Maße der beiden Seitenwände, der Boden- und Dachplatte sowie der Rückwand inklusive der Positionsmarken für die abnehmbare Rückwand von Seite 123 mit Bleistift und langem Lineal auf eine 20-mm-Leimholzplatte.

2 Die fünf Bauteile mit einer Stichsäge entlang einer Führungsschiene zusägen.

3 Die Seitenwände an den Positionsmarken mit einem 8-mm-Bohrer durchbohren. Die Rückwand ca. 1 cm tief einbohren.

4 Aus einer 10-mm-Sperrholzplatte ein ca. 30 x 40 cm großes Stück zusägen.

5 Aus drei bis fünf verschiedenen Ästen unterschiedlicher Stärke (3 bis 8 cm) 15 bis 30 mm dicke Scheiben zusägen. Man benötigt je nach Astgrößen 20 bis 30 Scheiben.

6 Die Scheiben auf der Sperrholzplatte anordnen.

7 Mittig 8 cm vom oberen Rand entfernt die Position für das Einflugloch festlegen und dieses mit dem 30-mm-Bohrer bohren.

8 Die Baumscheiben vorsichtig so von der Platte schieben, dass die Anordnung erhalten bleibt.

9 In die Rückseite ein 8-mm-Loch zum Aufhängen bohren.

10 Alle Bauteile anschleifen und mit wetterfester Lasur lasieren.

11 Die Seitenwände mit der Dach- und Bodenplatte verleimen oder vernageln bzw. veschrauben.

12 Die Scheiben auf die Frontseite leimen. Eventuell die Platte in eine organische Form sägen.

13 Die Frontseite auf den Nistkasten leimen.

14 Die Rückseite einsetzen und mit vier Dübeln fixieren.

Leuchtturm

Ein wahres Prachtstück ist dieses Vogelhäuschen der besonderen Art: In dem Leuchtturm kann oben genistet werden, während die Plattform in der Mitte als Futterstelle dient.

Der gut 125 cm hohe Turm setzt beim Bauen handwerkliches Geschick voraus. An das Projekt sollte man sich also nur heranwagen, wenn man über ausreichend Erfahrung im Umgang mit Holz und über präzise arbeitendes Werkzeug verfügt. So ist es zum Beispiel ohne eine Tischkreissäge nur schwer möglich, die langen Turmseiten auf Gehrung zu sägen.

Gefertigt wird der Leuchtturm aus 10 mm starker Sperrholzplatte sowie verschiedenen Leisten. Die genauen Maße finden sich auf Seite 124/125.

Das Bauen vereinfacht man sich, indem man die Arbeiten in verschiedene Phasen einteilt und den Turm von unten nach oben anfertigt. Zunächst entsteht die Bodenplatte. Dann wird die untere Hälfte des Turms gebaut. Im dritten Bauabschnitt entsteht die obere Hälfte des Turms mit der Plattform und der Futterstelle. Schließlich erfolgt der Bau des Nistkastenaufsatzes mit dem Dach.

Der Leuchtturm kann auf verschiedene Weise variiert werden. Das betrifft vor allem die Anordnung von Futterstelle und Nistkasten. Beide können ihre Positionen wechseln, sodass sich der Nistplatz in der Mitte befindet und den Tieren oben die Nahrung angeboten wird. Die Variationsmöglichkeiten werden auf Seite 108/109 vorgestellt.

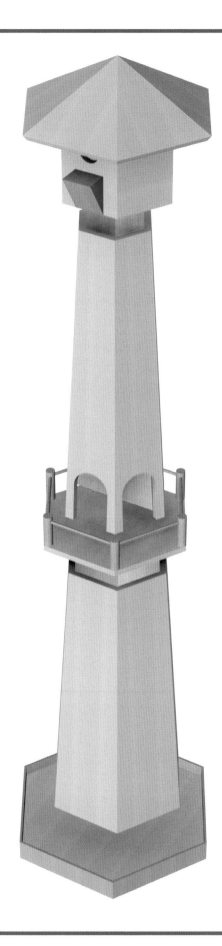

Schwierigkeitsgrad	☀ ☀ ☀
Materialaufwand	☀ ☀ ☀
Bemalung	☀ ☀ ☀

Werkzeug

Tischkreissäge
Stichsäge
Akkuschrauber
Holzbohrer, 6 mm Ø
Kreisbohrer, 25 mm Ø

Bleistift
Zollstock
Schleifpapier

Material

10-mm-Sperrholzholzplatte
ca. 200 x 100 cm
ca. 35 cm Rundholzleiste,
15 mm Ø
ca. 1 m Rundholzleiste, 5 mm Ø
ca. 1,5 m Leiste 50 x 5 mm
ca. 1 m Leiste 10 x 10 mm
6 Stiftägel
6 cm gehobelte Holzlatte
35 x 45 mm

wasserfester Leim
Grundierung für Acryllack
bunter Acryllack

Bodenplatte

Zunächst die Bodenplatte zusägen. Die Seiten weisen einen Winkel von 60° auf. Auch die 5 cm hohen Leisten (Breite: 19 cm) erhalten an jeder Seite einen Gehrungsschnitt (30°). Die Leisten anleimen.

Wenn die Bodenplatte rundum perfekt gebaut wird, sammelt sich in ihr Regenwasser. Deshalb in eine Leiste direkt oberhalb der Bodenplatte ein 6-mm-Loch als Abfluss bohren.

Tipp: Zum Schutz vor aufsteigender Feuchtigkeit die Bodenplatte auf ein Kieselsteinbett stellen.

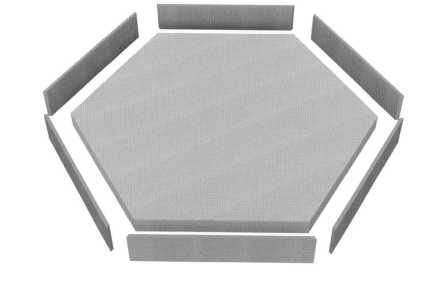

Untere Turmhälfte

Die untere Turmhälfte besteht aus sechs 50 cm langen Holzteilen, die oben 90 mm und unten 125 mm breit sind. Die seitlichen Kanten benötigen einen Gehrungsschnitt von 30°. Damit die Turmhälfte unten bündig auf dem Boden steht und oben die Zwischenplattform gut verleimt werden kann, sollten die kürzeren Seiten mit einem Gehrungsschnitt von 2° versehen werden.

Tipp: Wenn die Kanten nicht ganz bündig aneinanderstoßen, können sie mit Holzspachtel nachgearbeitet werden.

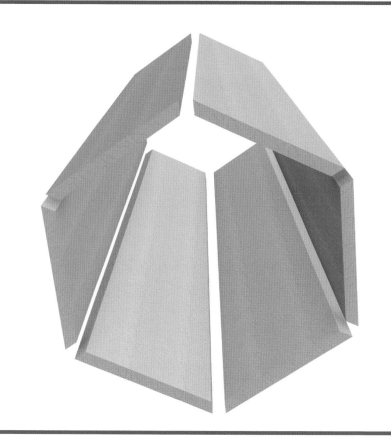

Obere Turmhälfte

Auch die obere Turmhälfte besteht aus sechs 50 cm langen Holzteilen. Sie sind oben 60 mm und unten 90 mm breit. Die seitlichen Kanten benötigen wiederum einen Gehrungsschnitt von 30°. Oben und unten sollten sie einen Gehrungsschnitt von 2° erhalten. Die Öffnungen für die Futterstelle mit einer Stichsäge aussägen.

Die kleine Zwischenwand dient zur Verstärkung der Konstruktion. Sie benötigt keine Gehrungsschnitte. Für den Zusammenbau zunächst drei Seitenteile miteinander verleimen. Dann unten die Zwischenwand einleimen und schließlich die anderen drei Seitenteile ansetzen.

Um die je 11,5 cm langen Geländerstangen aus 5 mm Rundleiste an den Pfosten befestigen zu können, sollten diese ca. 5 mm tief mit einem 6-mm-Bohrer eingebohrt werden. Die Pfosten sind 5,5 cm hoch. Es empfiehlt sich, erst das komplette Geländer zu bauen und es dann auf den Zwischenboden aufzusetzen. Die Pfosten sollten nicht nur mit dem Zwischenboden verleimt, sondern zusätzlich von unten mit Stiftnägeln fixiert werden.

Tipp: Alle Teile vor dem Zusammenbau grundieren und lackieren.

Nistkastenaufsatz

Die sechseckige Bodenplatte hat an den Kanten einen Winkel von 60°. Die sechs Seitenwände des Nistkastens werden entsprechend auf 30° Gehrung gesägt.

Der Nistkasten ist relativ klein und somit auch nur für kleinere Vogelarten geeignet. Deshalb sollte das Einflugloch nicht zu groß ausfallen – 25 mm reichen aus.

Die dreieckige „Stufe" vor dem Einflugloch wird aus einem 6 cm langen Stück der 35 x 45 mm starken Holzlatte zugesägt. Da sie nur als Zierde dient, kann man sie auch weglassen.

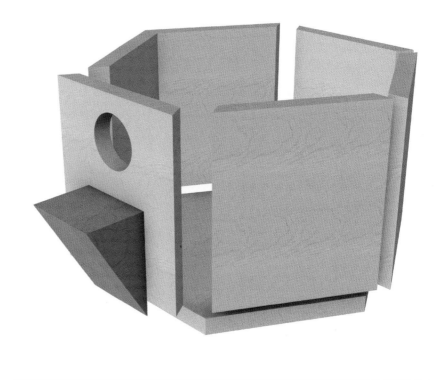

Dach

Das Dach ist zum Reinigen des Nistkastens abnehmbar. Deshalb ist die Konstruktion etwas aufwendiger. Zunächst die sechs Dreiecke der Dachflächen zusägen. Sie sind unten 15 cm breit und laufen mittig spitz zu. Die Seitenkanten benötigen eine 30°-Gehrung.

In die Dreieckskonstruktion wird eine Sechseckplatte eingeleimt. Sie ist in der Mitte offen, damit die Vögel etwas mehr Platz nach oben haben. Auf die Platte leimt man aus 10 x 10 mm Holzleiste fünf 5 cm lange Stücke, die das Dach fixieren. Ein sechstes würde das Einflugloch verdecken.

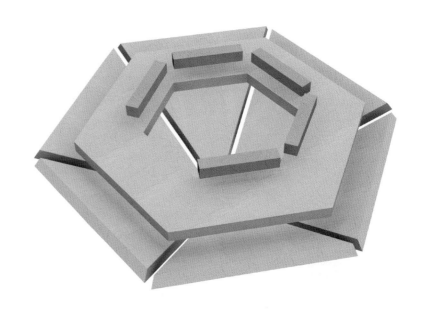

Varianten

Tausch von Nistkasten und Futterstelle

Der Leuchtturm kann auf verschiedene Arten variiert werden. So bietet es sich beispielsweise an, Nistkasten und Futterstelle zu tauschen.

Wenn sich der Nistkasten in der Mitte des Turms befinden soll, sind einige konstruktive Veränderungen erforderlich. Zunächst entfallen in der oberen Turmhälfte unten die Öffnungen für die Futterstelle. Stattdessen erhält eine der sechs Seiten ein Einflugloch

(siehe auch Maßzeichnung Seite 124).

Damit der Nistkasten gereinigt werden kann, muss die obere Hälfte des Turms abnehmbar sein. Dazu werden auf dem Zwischenboden sechs ca. 7 cm lange Holzleistenstücke (10 x 10 mm) so aufgeleimt, dass sie die obere Turmhälfte fixieren.

Das allein reicht aber nicht aus, um den oberen Teil des Turms so sicher zu verankern, dass er auch stürmischem Wetter standhält. Deshalb sollten Stecknadeln als zusätzli-

che Sicherung eingebaut werden. Das Prinzip gleicht dem, wie es auf Seite 52 beim Vogelzelt beschrieben wird. Allerdings werden hier sechs statt vier Nadeln eingesetzt.

Die Veränderungen am Turmaufsatz hingegen sind relativ einfach zu bewerkstelligen. Für die Futterstelle entfällt das Einflugloch. Stattdessen werden alle sechs Seitenteile geöffnet. Dabei bieten sich verschiedene Formen an. Man kann beispielsweise „Tore" aussägen oder aber auch runde Öffnungen erstellen.

Zwei Futterstellen

Selbstverständlich kann man auch auf den Nistkasten oben verzichten und den Leuchtturm als reine Futterstelle konstruieren. Dann baut man den Leuchtturm wie beschrieben und tauscht lediglich den Nistkasten oben gegen eine weitere Futterstelle, so wie zuvor beschrieben.

Eine Futterstelle

Wenn man oben eine Futterstelle einrichtet, kann man auf die zweite in der Turmmitte auch verzichten. Damit entfällt dann das Aussägen der Bogen an der oberen Turmhälfte. Auch die Zwischenwand ist nicht mehr erforderlich, da ausreichend Fläche zur Verfügung steht, um die obere Turmhälfte auf dem Zwischenboden zu verleimen.

Größere Aufsätze

Bei dem vorgestellten Modell ist der Nistkasten oben aus proportionalen Gründen relativ klein. Allerdings leidet die Optik kaum, wenn man Nistkasten oder Futterstelle als Leuchtturmspitze größer konstruiert.

Bei den auf dieser Seite gezeigten Varianten beträgt die Breite der sechseckigen Bodenplatte 19 cm. Die Seitenwände, die unverändert einen Gehrungsschnitt von 30° benötigen, sind 11 cm breit und 9 cm hoch. Die sechs Dreiecke, die das Dach bilden, haben unten eine Breite von 15 cm.

Die größeren Aufsätze bieten somit mehr Grundfläche. Das kommt vor allem der Ausführung als Nistkasten zugute. Die größere Wohnung ist für mehr Vogelarten attraktiv. Aufgrund der immer noch relativ geringen Höhe sollte das Einflugloch aber nicht größer als 25 mm ausfallen.

Futtertiere

Seite 36–39

Kopiervorlage – um 200 % vergrößern

1 x Tablett

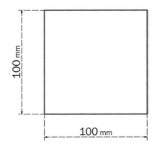

100 mm
100 mm

Kopiervorlage – um 200 % vergrößern

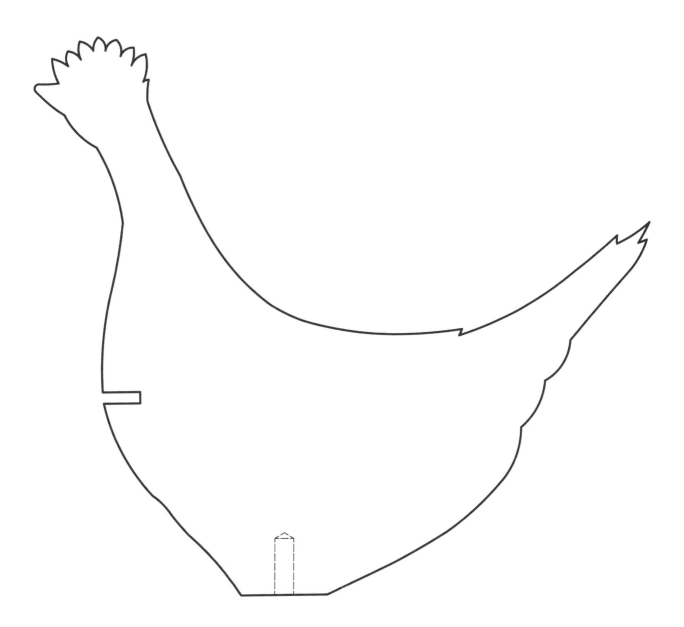

Grundhäuschen

Seite 26–31

1 x Frontseite mit Einflugloch
1 x Rückseite ohne Loch

2 x Seitenwand
1 x Bodenplatte

1 x Dachfläche 140 x 200 mm
1 x Dachfläche 130 x 200 mm

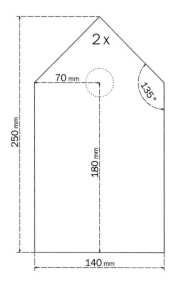

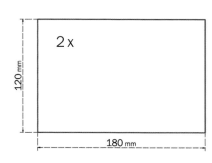

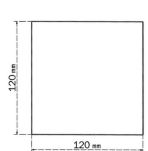

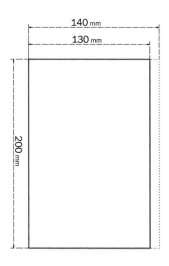

Futterampel

Seite 40–45

1 x Dachscheibe

3 x Ring

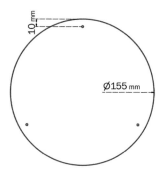

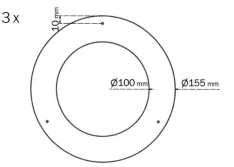

Seite 46–49

1 x Bodenplatte

1 x Rückwand
1 x Dachfläche

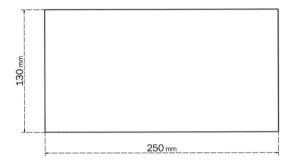

130 mm
250 mm

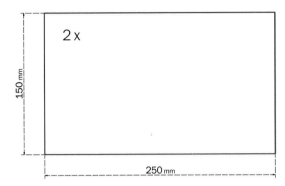

2 x

150 mm
250 mm

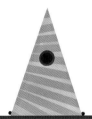

Seite 50–53

1 x Dachfläche 288 x 100 mm   1 x Frontseite mit Einflugloch   1 x Bodenplatte
1 x Dachfläche 305 x 100 mm   1 x Rückseite ohne Loch

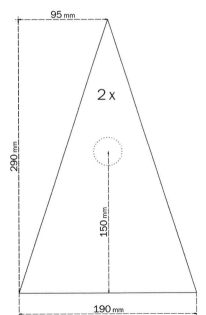

305 mm
288 mm
100 mm

95 mm
2 x
290 mm
150 mm
190 mm

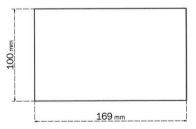

100 mm
169 mm

Halbhöhle

Seite 54–57

1 x Bodenplatte
2 x Dachfläche

1 x Frontseite unten
2 x Seitenwand

1 x Frontseite oben
1 x Rückseite

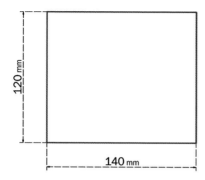

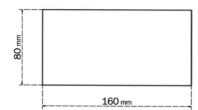

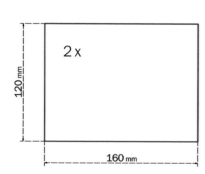

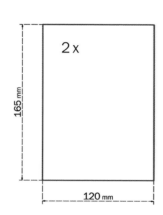

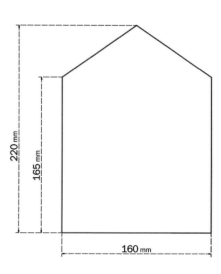

Kopiervorlage (100 %)

Seite 58–61

2 x Seitenwand
1 x Bodenplatte
1 x Dachfläche 110 x 120 mm
1 x Dachfläche 120 x 120 mm
1 x Frontseite mit Einflugloch
1 x Rückseite ohne Loch

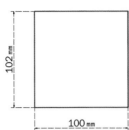

102 mm
100 mm

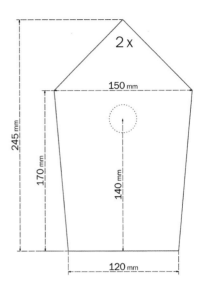

2 x
150 mm
245 mm
170 mm
140 mm
120 mm

120 mm
110 mm
120 mm

2 x
100 mm
180 mm

Kopiervorlage – um 200 % vergrößern

Chalet – Vogelhaus

Seite 62–68

1 x Bodenplatte
2 x Seitenwand

1 x Dachfläche 140 x 200 mm
1 x Dachfläche 150 x 200 mm

1 x Frontseite mit Einflugloch
1 x Rückseite ohne Loch

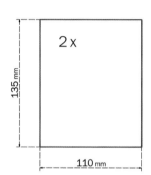

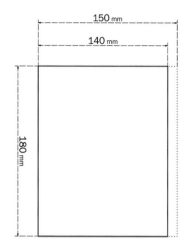

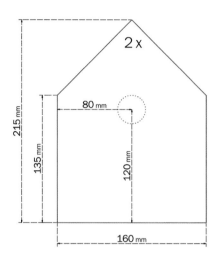

Chalet – Futterhaus

Seite 62–68

1 x Dachfläche 140 x 180 mm
1 x Dachfläche 150 x 180 mm
1 x Bodenplatte

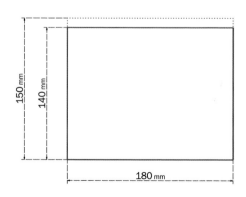

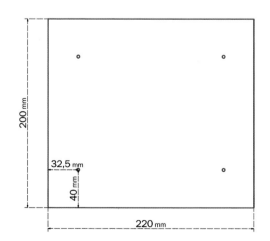

1 x Bodenplatte
1 x Frontseite mit Loch
1 x Rückseite ohne Loch

1 x Dachfläche 140 x 250 mm
1 x Dachfläche 150 x 250 mm
2 x Seite

2 x Giebel
1 x Gaubenfront mit Loch
1 x Gaubenrückseite ohne Loch
2 x Gaubenwand
1 x Gaubendach 60 x 90 mm
1 x Gaubendach 70 x 90 mm
2 x Rundpfosten mit Bohrungen

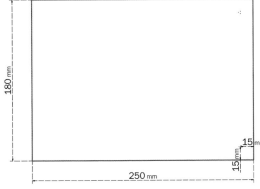

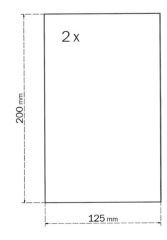

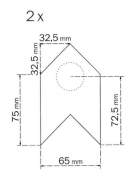

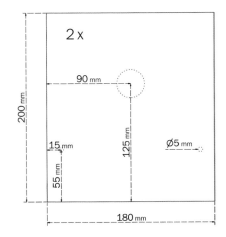

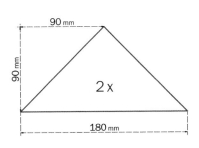

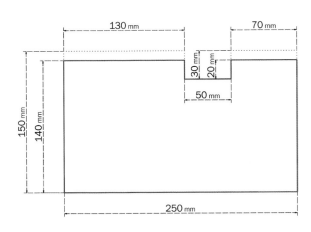

Naturhaus

Seite 74–77

1 x Frontseite mit Einflugloch
1 x Rückseite mit Loch zum Aufhängen
1 x Dachfläche 140 x 190 mm
1 x Dachfläche 160 x 190 mm
2 x Seitenwand

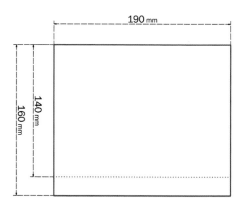

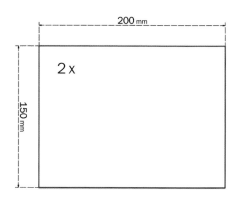

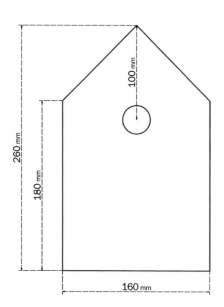

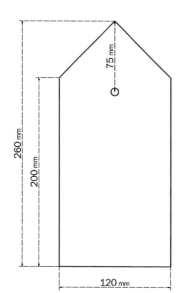

Hutzelhaus

Seite 78–82

2 x Dachfläche

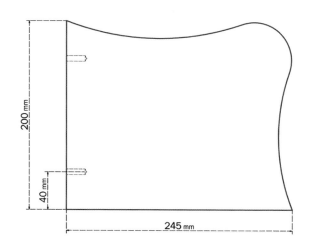

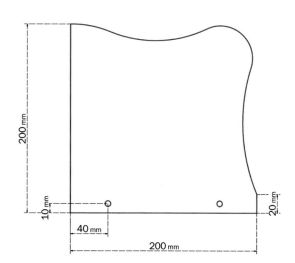

1 x Frontseite mit Loch
1 x Rückseite ohne Loch

1 x Bodenplatte
1 x Seitenwand
1 x Seitenwand

Grundmaße:

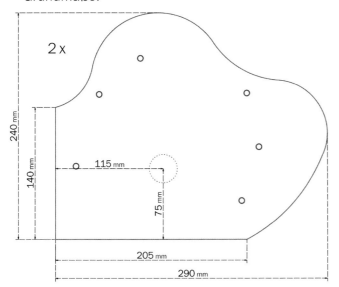

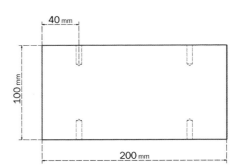

Bohrmaße:

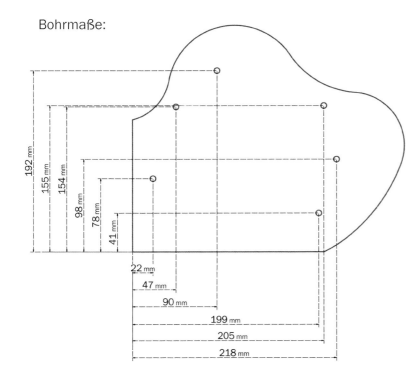

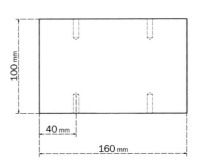

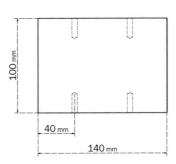

Romantikvilla

Seite 83–87

1 x Bodenplatte
2 x Seitenwand unten
2 x Seitenwand oben

1 x Frontseite mit Einflugloch
1 x Rückseite ohne Loch
1 x Dachfläche oben 130 x 180 mm
1 x Dachfläche oben 120 x 180 mm
2 x Dachfläche unten

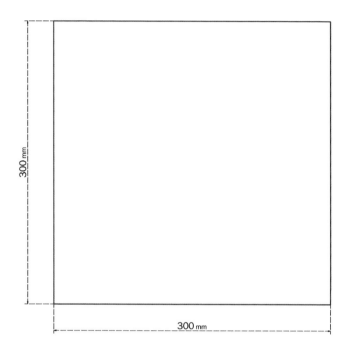

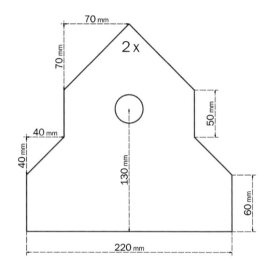

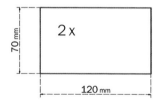

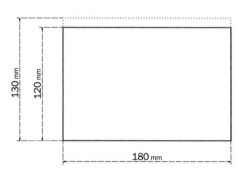

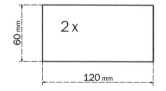

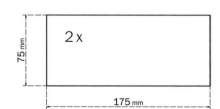

Seite 88–92

Villa Kunterbunt

1 x Boden
1 x Frontseite mit Loch
1 x Rückseite ohne Loch

2 x Seite
1 x Dachfläche 190 x 230 mm
1 x Dachfläche 200 x 230 mm
1 x Zwischenboden

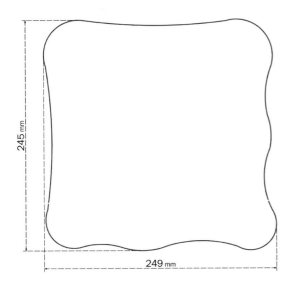

245 mm

249 mm

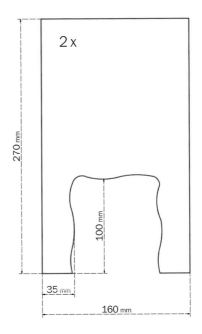

2 x

270 mm

100 mm

35 mm

160 mm

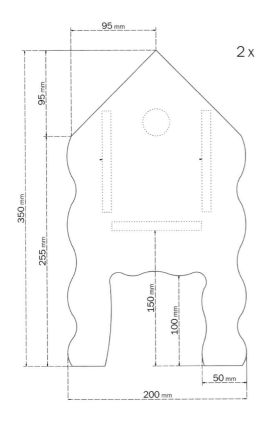

95 mm

95 mm

2 x

350 mm

255 mm

150 mm

100 mm

50 mm

200 mm

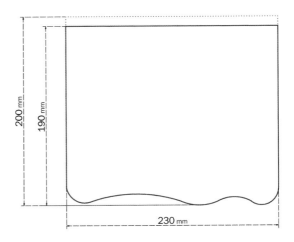

200 mm

190 mm

230 mm

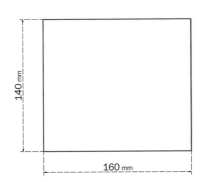

140 mm

160 mm

Designervilla

Seite 93–97

1 x Boden
1 x Seite mit Schlitz
1 x Seite ohne Schlitz

1 x Frontseite
1 x Rückseite
1 x Flachdach

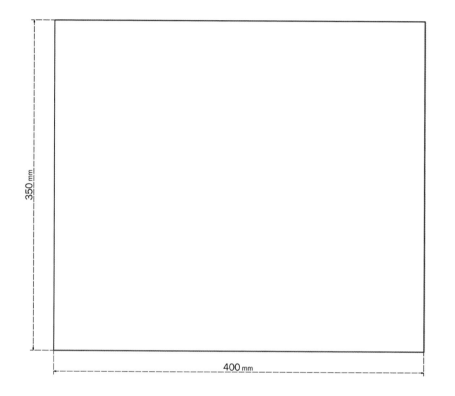

350 mm

400 mm

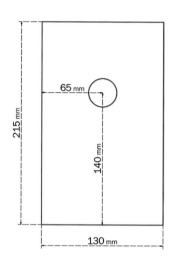

215 mm

65 mm

140 mm

130 mm

153 mm

130 mm

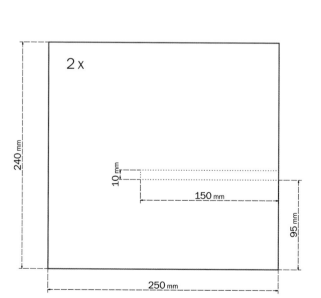

2 x

240 mm

10 mm

150 mm

95 mm

250 mm

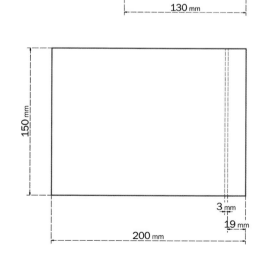

150 mm

3 mm

19 mm

200 mm

1 x Dach

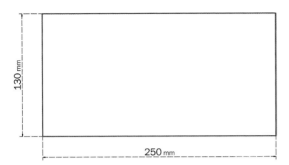

250 mm
130 mm

Seite 98–101

Astscheibenhaus

2 x Seitenwand
1 x Rückseite
1 x Bodenplatte
1 x Dachfläche

180 mm
20 mm
120 mm

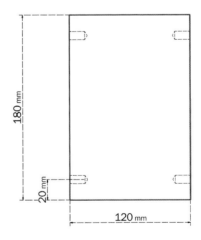

2 x

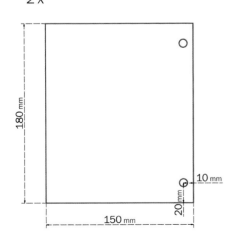

180 mm
150 mm
10 mm
20 mm

2 x

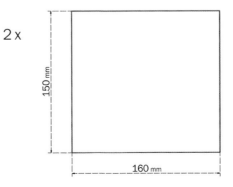

150 mm
160 mm

Leuchtturm

Seite 102–109

6 x Seite unten

6 x Seite Mitte (Futterstelle)

Variante:
6 x Seite Mitte (Nistkasten)

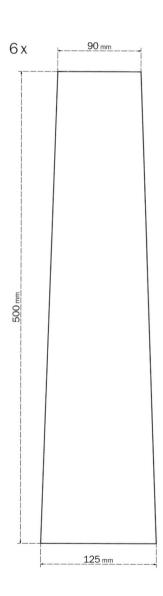

6 x
90 mm
500 mm
125 mm

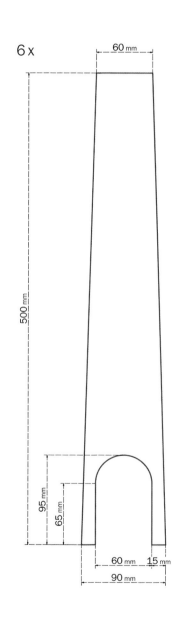

6 x
60 mm
500 mm
95 mm
65 mm
60 mm 15 mm
90 mm

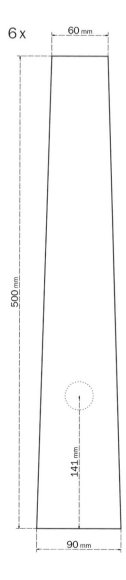

6 x
60 mm
500 mm
141 mm
90 mm

1 x Bodenplatte unten
6 x Einfassung Boden unten
1 x Boden Mitte

1 x Boden oben
1 x Boden Dach
6 x Seite oben
1 x Zwischenwand
6 x Dachfläche

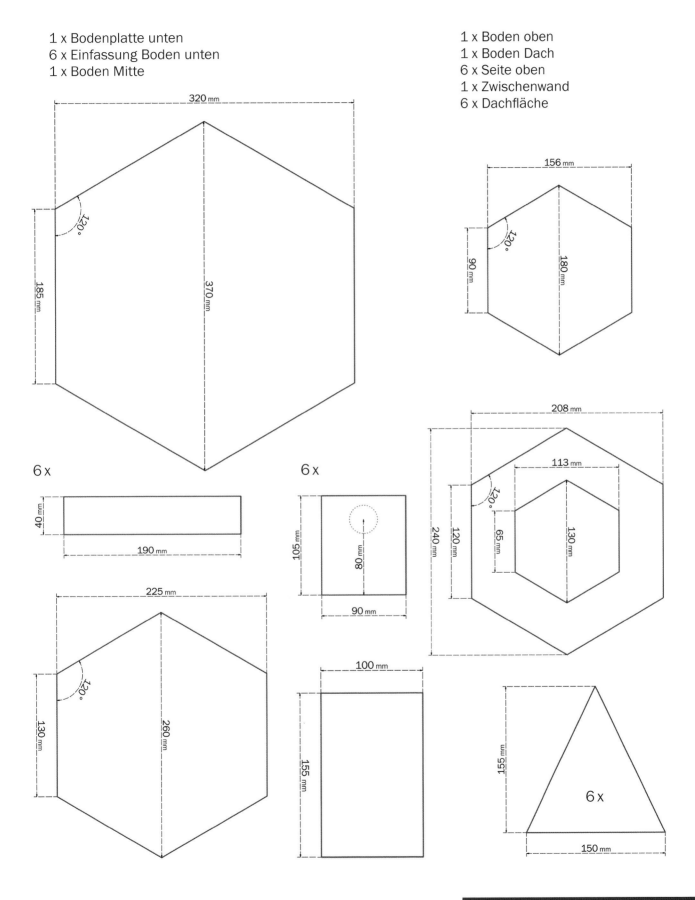

Register

Register der Modelle

Sachregister